Umberto Eco

Wie man mit einem
Lachs verreist
und andere nützliche
Ratschläge

Aus dem Italienischen von
Günter Memmert
und Burkhart Kroeber

Carl Hanser Verlag

Die Texte dieses Bandes sind eine Auswahl
aus dem 1992 bei Bompiani erschienenen Band
Il secondo diario minimo.
Teil I (S. 5–58) wurde von Günter Memmert übersetzt,
der Rest von Burkhart Kroeber.

5   97 96 95 94 93

ISBN 3-446-17325-0
© Gruppo Editoriale Fabbri, Bompiani,
Sonzogno, Etas S.p.A. Mailand 1992
Alle Rechte der deutschen Ausgabe:
© Carl Hanser Verlag München Wien 1993
Satz: Fotosatz Reinhard Amann, Aichstetten
Druck und Bindung: Clausen & Bosse, Leck
Printed in Germany

I
WAHRE GESCHICHTEN

Vorbemerkung

Dieser erste Teil enthält Geschichten, die sich zwischen Science-fiction (Vorwegnahme der Zukunft) und Past-fiction (Rekonstruktion der Vergangenheit) bewegen. Da es charakteristisch für die Science-fiction ist (wenn sie nicht über *bug-eyed monsters* phantasiert, sondern über soziale Erscheinungen), daß sie durch Wahrwerden altert, haben sich einige Ereignisse und Situationen, die meine Geschichten als delirante Zukunftsmusik präsentieren, inzwischen auf delirante Weise bewahrheitet. Ich gebärde mich nicht als Prophet. Es ist die Historie, die manchmal ziemlich durchschaubar ist, oder vielmehr, durchschaubar sind wir Menschen, die oft nicht widerstehen können und tun, was die Satire in Kenntnis unserer Durchschaubarkeit mühelos vorwegnehmen konnte.

Die zwei letzten Texte sind Wissenschaftsparodien aus dem Projekt jener »Kakopädie«, die ich seit Anfang der achtziger Jahre zusammen mit einigen Freunden an der Universität Bologna als »alternative Enzyklopädie des Wissens« vorantreibe.

Sterne und Sternchen

FUNKSPRUCH
VON GENERALKOMMANDO
GALAKTISCHES KORPS, SOL III
AN COMILITER IV. ZONE, URANUS
HABE ERFAHREN DASS BEI DER ERSTEN ABTEILUNG
ANGRIFFS-BOOS SCHÄNDLICHE FÄLLE VON HOMOSE-
XUALITÄT VORGEKOMMEN STOP VERLANGE LISTE DER
VERANTWORTLICHEN UND SOFORTIGE STRENGE UN-
TERBINDUNG STOP

GEZEICHNET
GENERAL PERCUOCO
GENERALKOMANDANT, CASINO

FUNKSPRUCH
VON COMILITER IV. ZONE, URANUS
AN GENERALKOMMANDO
GALAKTISCHES KORPS, SOL III
CASINO, MONTECARLO
TEILEN OBIGEM KOMMANDO MIT DASS BOOS VOM
URANUS HERMAPHRODITISCHE RASSE IST (N. 30015
INTERGALAKTISCHES ETHNISCHES REGISTER) STOP AN-
GEFÜHRTE FÄLLE ANGEBLICHER HOMOSEXUALITÄT
DESHALB BEISPIELE FÜR NORMALE AUSÜBUNG SEXUEL-
LER PRAKTIKEN UND GEMÄSS URANISCHEN GESETZEN
UND INTERGALAKTISCHER VERFASSUNG GESTATTET
STOP

GEZEICHNET
OBERST ZBZZ TSG IN VERTRETUNG VON
GENERALKOMMANDANT AGWRSS
DERZEIT AUF SCHWANGERSCHAFTSURLAUB

FUNKSPRUCH
VON GENERALKOMMANDO
GALAKTISCHES KORPS, SOL III
AN COMILITER V. ZONE, PLUTO
HABE ERFAHREN DASS BEI IN ABTEILUNG ERDARBEITEN
BESCHÄFTIGTEN BOHRERN VOM PLUTO SCHÄNDLICHE
FÄLLE ÖFFENTLICHER MASTURBATION VORGEKOMMEN
STOP FORDERE BESTRAFUNG SOWOHL UNMITTELBAR
SCHULDIGER WIE FÜR AUFWEICHUNG DER DISZIPLIN
VERANTWORTLICHER OFFIZIERE STOP

GEZEICHNET
GENERAL PERCUOCO
GENERALKOMMANDANT, CASINO

FUNKSPRUCH
VON COMILITER V. ZONE, PLUTO
AN GENERALKOMMANDO
GALAKTISCHES KORPS, SOL III
CASINO, MONTECARLO
BETR. IHREN FUNKSPRUCH. BOHRER VOM PLUTO SIND
WURMFÖRMIGE RASSE (DAHER EIGNUNG FÜR AUSGRA-
BUNGEN UND ENTNAHME VON BOHRPROBEN FÜR GEO-
LOGISCHE UNTERSUCHUNGEN ZONE PLUTO) DIE SICH
DURCH PARTHENOGENESE FORTPFLANZT STOP TYPI-
SCHE HALTUNG DES BOHRERS DER MIT VORDERER EX-
TREMITÄT AN SEINER HINTEREN SAUGT SYMPTOM FÜR
ORGASMUS UND TEILUNG UND NORMALERWEISE ER-
LAUBT GEMÄSS VORSCHRIFTEN LOKALES HEER STOP ZU
BETONEN DASS NUR AUF DIESE WEISE GEWÖHNLICH
AUSHEBUNG NEUER JAHRGÄNGE ERFOLGT STOP

GEZEICHNET
GENERAL BOOSAMMETH
UND GENERAL BOOSAMMETH

(BITTE PRIORITÄT KOMMANDO FESTSETZEN DA KÜRZ-
LICH TEILUNG DURCH PARTHENOGENESE IN FÜH-
RUNGSSPITZE STATTGEFUNDEN)

FUNKSPRUCH
VON GENERALKOMMANDO
GALAKTISCHES KORPS, SOL III
AN COMILITER V. ZONE, PLUTO
DIESES KOMMANDO AKZEPTIERT KEINE SCHEINARGU-
MENTATIONEN UND PERMISSIVEN RECHTFERTIGUNGEN
ZUM SCHADEN EHRWÜRDIGER TRADITIONEN, MORAL,
GEISTESGEGENWART UND HYGIENE DES GALAKTISCHEN
HEERS, STOLZ AUF TRADITIONEN DER GRENADIERE
VON SARDINIEN UND KÖNIGLICHEN CARABINIERI
STOP UNTERZEICHNER FUNKSPRÜCHE AB SOFORT AB-
GESETZT STOP GARNISONSARREST STOP

GEZEICHNET
GENERAL PERCUOCO
GENERALKOMMANDANT, CASINO

*Intergalaktisches Komitee für den Schutz ethnischer Min-
derheiten*
Formalhaut (Piscis Austrinus)
Eure Exzellenz, ich erlaube mir, Ihnen die in der Beilage
dokumentierten Fälle vorzulegen. Aus diesen Unterlagen
erhellt, daß General Percuoco (der wohl Terraner ist) auf
die galaktische Militärverwaltung eine Optik anwendet,
die ich als rückständig zu bezeichnen wage. Sie ist dies zumindest seit den Tagen des (unglücklicherweise von einem
afrikanischen Fanatiker ermordeten) Präsidenten Flanagan, der in so aufgeklärter Weise das Recht der periphe-
ren Rassen auf völlige Rechtsgleichheit verteidigte. Exzellenz wissen ja am besten, daß nach Flanagans Lehre »alle

Wesen aller Galaxien vor der Großen Matrix gleich sind,
unabhängig von ihrer Gestalt, der Zahl ihrer Schuppen
oder Arme und sogar unabhängig von ihrem Aggregat-
zustand (fest, flüssig, gasförmig)«. Nicht ohne Grund
hat die Regierung der Intergalaktischen Föderation das
Hochkommissariat für die kulturelle Relativität geschaffen, welches das Intergalaktische Ethnische Register führt
und dem Hohen Gerichtshof die Ergänzungen und Änderungen bei den intergalaktischen Gesetzen vorschlägt, die
mit dem Sichausbreiten der irdischen Zivilisation bis zu
den äußersten Grenzen des Kosmos erforderlich werden.
Als nach dem Fall der Großen Atomaren Imperien (des
antiken Rußland und des damaligen Amerika) die Völker des Mittelmeerbeckens dank der Entdeckung des
Energiepotentials der Zitronensäure die Herren zuerst
der Erde und dann des gesamten Universums wurden, das
sie mit ihren Raumschiffen durchfurchten, deren Antrieb
jene Kraft war, die schon der Dichter als »Goldtrompeten
der Sonnenhaftigkeit« besungen hatte, damals erschien es
allen als ein gutes Vorzeichen, daß die Herrschaft über das
Weltall Völkern gegeben wurde, die auf ihrem eigenen
Planeten bereits Opfer schwerer Rassendiskriminierun-
gen gewesen waren; und Sie wissen, mit welcher Begeisterung die Lex Hefner begrüßt wurde, die die Paarung
terrestrischer Frauen mit Fünfpenisern vom Jupiter ge-
stattete (obwohl freilich allgemein bekannt ist, welchen
Blutzoll dieses glücklose Pionierexperiment kostete, das
die eifrigen, aber vielleicht allzu kraftvollen Bewohner
des Jupiter in die Lage versetzte, gleichzeitig fünf Triebe
an einer irdischen Frau mit nur einer Vagina befriedigen
zu müssen). Immerhin aber bildete dieses zweifellos von
großer Aufgeschlossenheit zeugende Experiment die
Grundlage für die intergalaktischen interrassischen Ge-

setze, die noch heute den Stolz unserer Föderation darstellen.

Es ist sehr befriedigend für alle, daß die intergalaktischen Bestimmungen für den Militärdienst am Integrationsprinzip ausgerichtet sind und festlegen, daß der Militärdienst auf einem anderen als dem Geburtsplaneten abgeleistet werden muß. Deshalb war es besonders enttäuschend, als wir feststellen mußten, daß diese Vorschrift seit geraumer Zeit nicht mehr befolgt wird, was man etwa daran sehen kann, daß die Bohrer vom Pluto ihren Dienst heute nur auf ihrem eigenen Planeten ableisten, ebenso wie die Angriffs-Boos vom Uranus. Das erklärt, weshalb General Percuoco, dessen militärische und administrative Kompetenz unbestritten ist, ihre anatomische Beschaffenheit und die Art ihrer Fortpflanzung nicht kennt. Zu welchen diplomatischen Verwicklungen das geführt hat, können Eure Exzellenz aus den Nachrichten der Tagesschau über die Revolten auf den beiden betreffenden Planeten entnehmen.

Ich bitte Eure Exzellenz deshalb, Maßnahmen treffen zu wollen, um dem intergalaktischen Integrationsprinzip immer mehr Geltung zu verschaffen, und ich vertraue darauf, daß von den strahlenden Höhen der Moyenne Corniche und dem Präsidentenpalast in La Turbie, von wo aus Eure Exzellenz die zauberhafte Aussicht auf das Mittelmeer genießen, bald eine väterliche Ermahnung an die militärischen Befehlsstäbe ergeht, die im antiken Casino von Montecarlo das Galaktische Spiel des Kriegs-Potlach leiten.

Hingesunken auf meine dreißig Knie, versichere ich Sie meiner tiefsten Ergebenheit in der Großen Kombinatorischen Matrix des Universums.

Avram Boond-ss'bb

An den hochverehrten Polypoden Avram Boond-ss'bb
Formalhaut (Piscis austrinus)
Das Kreuz des Südens schenke Ihnen Frieden, guter Polypode. Als Referent für Öffentlichkeitsarbeit erlaube ich mir, mich im Namen unseres geliebten Intergalaktischen Präsidenten an Sie zu wenden, um Ihrem Schreiben im Lichte der Großen Matrix zum gebührenden Erfolg zu verhelfen.

Seine Exzellenz ist sich Seiner Pflichten als Garant der Integration sehr wohl bewußt. Sie muß aber auch den Pflichten Genüge tun, mit denen sie als Oberster Leiter des Großen Spiels des Kriegs-Potlach konfrontiert ist.

Krieg es schon *in saecula saeculorum* schwer, die Heere zu befehligen, weshalb die alten Hebräer diese Aufgabe sogar ihrem Deus Zebaoth übertrugen, so ist diese Aufgabe im Rahmen der Intergalaktischen Friedensordnung beinahe unlösbar geworden. Wie Sie wissen, haben die größten Staatsmänner seit dem 22. Jahrhundert der christlichen Ära immer wieder darauf hingewiesen, daß ein Heer von einigen hunderttausend Mann in einer vorübergehenden Zeit des Friedens gefährlich und aufsässig wird. Die großen Staatsstreiche im 20. Jahrhundert waren bedingt durch zuviel Frieden (weshalb der verstorbene Präsident Flanagan zu Recht sagen konnte, daß allein die Kriege die Wiege der Demokratien und der befreienden Revolutionen seien). Und jetzt braucht man sich nur vorzustellen (aber damit sage ich Ihnen ja nichts Neues), wie schwierig es ist, ein Milliardenheer von Wesen aus unterschiedlichen intergalaktischen Völkern in einem Zustand Ewigen Friedens und einer institutionalisierten Abwesenheit von zu verteidigenden Grenzen und sie bedrohenden Feinden zu befehligen. Unter solchen Umständen kostet, wie Sie selbst am besten wissen, ein Heer nicht nur viel mehr, sondern neigt nach dem bekannten Parkinsonschen Gesetz dazu, seinen Personalbestand fortlaufend zu vergrößern. Zu welchen Problemen das führen kann, liegt auf der Hand.

Man braucht sich nur einmal den Fall der Bohrer vom Pluto und der Boos vom Uranus näher anzusehen. Ursprünglich war vorgesehen, sie in das Gemischte Lunare Korps einzugliedern, das laut Reglement aus Traktor-Patrouillen besteht, die sich jeweils aus zwei Terranern (einem Bersagliere und einem Mitglied der berittenen kanadischen Royal Mountain Guard) und zwei Nichtterranern zusammensetzen. Sie wissen, mit welchen Problemen der Patrouillendienst auf dem Mond zu kämpfen hatte. Es zeigte sich, daß nicht einmal die beiden terranischen Soldaten im Traktor unterzubringen waren: Die beschränkten Ausmaße des mit Sauerstoff versorgten Raumes im Vorderteil ließen die gleichzeitige Anwesenheit zweier Männer mit breitkrempigem Hut nicht zu; weiter zeigte sich, daß die Federn am Hut des Bersagliere Allergene enthalten, gegen die Pferde besonders empfindlich sind; das ist vermutlich der Grund, weshalb die militärische Tradition wohlweislich immer von der Bildung berittener Bersaglieri-Korps Abstand genommen hat. Aber Sie wissen auch, wie sehr die kanadische Royal Mountain Guard traditionsgemäß an ihren Pferden hängt, so sehr, daß sie sich nicht einmal auf einem Traktor von ihnen zu trennen vermag (der Versuch, Rotjacken auf Fahrräder zu setzen, ist kläglich gescheitert; außerdem kann man sich über die Traditionen der verschiedenen Korps nicht einfach hinwegsetzen). Aber das war noch gar nichts im Vergleich zu den Schwierigkeiten, die auftauchten, als man im hinteren Teil des Traktors die Plutonier und die Uranier unterbringen wollte. Nicht nur, weil die Angriffs-Boos vom Uranus bekanntlich einen langen Schwanz haben, der zwangsläufig hinter dem Traktor herschleifte und dabei schwer heilende Abschürfungen erlitt, sondern auch weil die Boos in einer Atmosphäre aus brennbaren Gasen leben, während die plutonischen Bohrer eine Temperatur von 2000 Grad Fahrenheit brauchen, weshalb keine Zwischenwand die erforderliche gegenseitige Abschirmung gewährleisten kann. Dazu kommt als schwierigstes Problem von allen, daß die plutonischen Bohrer den Drang haben, sich in die Erde einzubohren, um Bohrproben zu entnehmen; eine Eigenschaft, die auf dem Pluto wegen der Regenerationsfähigkeit des dortigen Bodens keine irreparablen Schäden bewirkt, aber auf dem Mond in kurzer Zeit zu der von den Technikern pittoreskerweise so genannten »Veremmentalerung« führte (die sogar die Gravitationsstabilität des Satelliten in Mitleidenschaft zog). Kurz, man mußte das Integrationsprojekt aufgeben, und heute bestehen die Patrouillen auf dem Mond ausschließlich aus den für diesen Zweck besonders geeigneten Bandar-Pygmäen (Dschungel von Bengalen). Die funktionalen Gesichtspunkte haben den Vorrang vor den Integrationsgesichtspunkten erhalten. Diese Lösung entspricht nicht den Vorschriften und beruht offiziell auf einem Erlaß, der nur provisorischen Gesetzescharakter hat. Sie werden also verstehen, mit welchen und mit wie vielen Problemen die zentrale Leitung sich auseinandersetzen muß, und ich will Ihnen nicht verhehlen, daß eine Lösung wie die eben beschriebene im Gegensatz zur Linie des Oberkommandos im Casino steht. Aber es ist nun einmal so, daß nicht alle Verantwortlichen bei der Truppe den zahllosen Problemen gewachsen sind, die bei der Verwaltung eines intergalaktischen Heeres auftauchen.

Betreffs der anstehenden Frage jedenfalls hat Seine Exzellenz mich beauftragt, Ihnen zu sagen, daß eine normale

Rotation in den Oberkommandos vorgesehen ist: General Percuoco wird ab morgen zur Zentralstelle für Truppenversorgung auf Beteigeuze versetzt, und das Kommando des Galaktischen Korps wird General Corbetta, der verdienstvolle Kommandant der Lanzenreiter von Novara, übernehmen. Was das Generalkommando des Intergalaktischen Stabes angeht, so wird es von General Giansaverio Rebaudengo übernommen werden, dem Chef der Geheimdienste, einem aus einer illustren piemontesischen Soldatenfamilie stammenden Offizier, der seinen schweren und vielfältigen Aufgaben zweifellos gewachsen sein wird.

Wir vertrauen darauf, daß diese Maßnahmen das Intergalaktische Komitee für den Schutz der Ethnischen Minderheiten zufriedenstellen werden; auch haben wir besonders darauf geachtet, daß eine so delikate Aufgabe keinem General anvertraut wird, der aus traditionell rassistischen Gegenden wie Afrika, Sizilien oder der Gegend um Brescia stammt. Auch Seine Exzellenz ist der Meinung, daß der Tag noch lange auf sich warten lassen wird, an dem man beschließt, mit der Tradition zu brechen, der gemäß die Oberkommandos stets von einem General aus dem Mittelmeerraum übernommen werden; und Sie wissen besser als ich, wie groß noch immer das Ansehen des sogenannten »Zitronengürtels« ist. Wir sind der Tatsache eingedenk, daß wir in einer Technologie der Zitronensäure wurzeln.

In tiefster Ergebenheit

Giovanni Pautasso
Referent für Öffentlichkeitsarbeit
Seiner Exzellenz des Präsidenten
der Intergalaktischen Föderation
Vom Palast in La Turbie, Mittelmeer

Geheimbericht
nur für den Präsidenten der Föderation
Vom Dienst für die Koordinierung der Geheimdienste,
Rom

In Anbetracht dessen, daß die Existenzbedingung eines Dienstes, der die Aktivitäten gegeneinander arbeitender Geheimdienste koordiniert, die absolute Geheimhaltung seiner Informationen ist, hat dieser Dienst nur mit einem gewissen Zögern der Anordnung Eurer Exzellenz, die Position des Agenten Wwwsp Gggrs zu klären, Folge geleistet. Dieses Geheimhaltungsprinzip wird von uns so streng eingehalten, daß wir, um ein Nach-außen-Dringen von Informationen zu verhindern, versuchen, nicht auf dem laufenden über das zu sein, was die von uns kontrollierten Dienste tun. Wenn wir uns zuweilen erlauben, über irgendein Ereignis auf dem laufenden zu sein, so hat das nur den Zweck, unsere siebenundzwanzigtausend Mitarbeiter zu trainieren, gemäß der Theorie vom Institutionalisierten Leerlauf, die ja auch der Existenz der Intergalaktischen Streitkräfte zugrunde liegt.

Um jedoch die Position des Agenten Wwwsp Gggrs, eines miniaturisierten Zweischalers von Cassiopeia, zu verstehen, muß man sich die Situation der siebenunddreißig Geheimdienste der Föderierten Galaxien vergegenwärtigen. Ich erläutere sie Eurer Exzellenz im Ausgang von dem Grundsatz daß dann, wenn diese Dienste ausgezeichnet funktioniert haben und unser Koordinationsdienst seiner Aufgabe der Kontrollierten Desinformation gerecht geworden ist, die Regierung keinerlei Informationen über sie erhalten haben darf.

Wie Eure Exzellenz weiß, haben die Föderierten Galaxien mit dem Problem zu kämpfen, eine sozusagen zum ewigen Frieden verurteilte staatliche Einheit ohne Grenzen und deshalb ohne mögliche Feinde zu sein. Diese Situation hat die Aufstellung einer Streitmacht zweifellos erschwert, ohne daß indessen die Galaxien hätten darauf verzichten können, eine zu haben – denn sonst hätten sie eines der Hauptvorrechte eines souveränen Staates verloren. Man sah sich deshalb gezwungen, auf die grandiose Theorie vom Institutionalisierten Leerlauf zurückzugreifen, die es einem Heer von unvorstellbarer Größe erlaubt, sich ausschließlich mit seiner eigenen Erhaltung zu beschäftigen – und durch die Einrichtung des Kriegs-Potlach, das heißt des Kriegsspiels, der Notwendigkeit, sich selbst zu erneuern, vorzubeugen.

Diese Lösung war unschwer zu verwirklichen, da die Heere der Vulgärperiode schon seit geraumer Zeit (auch bereits vor der Pax Mediterranea und der Vereinigung der Galaxien) zum größten Teil mit ihrer eigenen Erhaltung beschäftigt waren. Immerhin verfügten sie über zwei wichtige Überdruckventile. Das eine bestand in einer kontinuierlichen Aufeinanderfolge von lokalen Kriegen, die auf Druck der Zentren wirtschaftlicher Macht in Szene gesetzt wurden, um eine einträgliche Kriegswirtschaft in Gang zu halten; das andere in der gegenseitigen Spionage zwischen den Staaten, was Spannungen aufrechterhielt und zu Staatsstreichen, kalten Kriegen usw. führte.

Die Entdeckung des Energiepotentials der Zitronensäure hat, wie Eure Exzellenz weiß, nicht nur den unterentwickelten Zitronenerzeugerländern die galaktische Vorherrschaft verschafft, sondern auch die ökonomischen Gesetze verändert und die Ära der industriellen Technologie und des Konsums beendet. Damit entfiel, wenn nicht die Möglichkeit, so doch die Zweckmäßigkeit des Anzettelns lokaler Kriege. Und dadurch haben sich bekanntlich die beiden größten Probleme innerhalb der Streitkräfte verschärft: die

Erneuerung des Mannschaftsbestandes (zu der vorher die Verluste in den Kämpfen beitrugen) und die Beförderung der Offiziere aufgrund ihrer Leistung im Kriege. Mit dem Kriegs-Potlach hat man diese großen Schwierigkeiten beseitigen können, und heute erfreuen sich die Zuschauer in unseren Raumstadien jeden Sonntagvormittag an den blutigen Kämpfen unseres glorreichen Heeres, bei denen jeweils eine Einheit gegen eine andere ihre von Kameradschaft, Mannschaftsgeist und Verachtung der Gefahr geprägte Tapferkeit unter Beweis stellen kann. Noch nie in der Geschichte der Menschheit hat man junge Männer aller Rassen und sozialen Schichten so sterben sehen: mit einem Lächeln auf den Lippen und ohne ein Wort des Hasses gegenüber dem »Feind«, den sie in der Tat in sportlichem Geist als Freund und Bruder betrachten, den nur das Los der gegnerischen Mannschaft zugeteilt hat. Erlauben Sie mir, Sie an dieser Stelle auf das heldische Verhalten der Vierten Hypertransportierten Division des Chamäleons aufmerksam zu machen, die letzten Sonntag, als sie beim Derby »Kreuz des Südens« von den Löwen von Ophiuchus gegen die Ränder der Hemisphäre gedrückt wurde, um nicht massenhaft auf die auf Formalhaut errichteten Regierungstribünen zu stürzen, auswich und auf Alpha zerschellte, womit sie das Kriegs-Potlach durch die Vernichtung von 50000 zivilen Bewohnern bereicherte – und kühn das Aufopfern von nicht am Krieg Beteiligten in die Kriegshandlungen wiedereinführte; etwas, was es seit der archaischen Napalm-Zeit nicht mehr gegeben hatte.

Doch zurück zu unserem Problem. Das Kriegs-Potlach hat zwar das Problem der Erneuerung der Mannschaftsjahrgänge und der Offiziersbeförderung aufgrund kriegerischer Verdienste gelöst, aber ganz gewiß nicht das der Spionage. Diese wäre sinnlos von seiten einer Einheit ge-

genüber einer anderen, mit der sie bei einer Runde des Pot-
lach kämpfen soll; denn Aufstellung und Zusammenset-
zung der Einheiten kann jedermann in den verschiedenen
Militärsportzeitschriften nachlesen. Andrerseits bringt das
Nichtvorhandensein äußerer Feinde die Gefahr mit sich,
daß die Geheimdienste überflüssig werden könnten: Aber
so wie ein Staat nicht ohne Streitkräfte überlebt, so können
Streitkräfte nicht ohne Geheimdienste überleben. Und sei
es nur deshalb, weil, wie die Honki-Henki-Lehre besagt,
für ein Heer die Leitung von Geheimdiensten biologisch
notwendig ist, um dabei den Überschuß an jenen Generalen
und Admiralen aufzubrauchen, die für die wirklich wichtigen Posten ungeeignet sind. Es ist deshalb notwendig, daß
die Geheimdienste existieren, daß sie eine intensive Aktivität entfalten, daß diese Aktivität völlig ineffizient bleibt
und für die Selbsterhaltung des Staates schädlich ist. Ein
nicht leicht aufzulösender Knäuel von Problemen.

Nun besteht ein Verdienst der Honki-Henki-Lehre
darin, daß sie ein wertvolles Modell wieder ausgegraben
hat, das aus dem Enotrien (damals Italien) des späten
20. Jahrhunderts der sogenannten Vulgärzeit stammt: das
Modell der wechselseitigen Bespitzelung Separater Korps.

Damit aber Separate Korps des Staates einander wechsel-
seitig bespitzeln können, bedarf es zweier Voraussetzungen: Sie müssen eine intensive geheime Aktivität entfalten,
über die die anderen Geheimen Korps informiert sein
möchten; und die Spione müssen leichten Zugang zu diesen Informationen haben. Die zweite Voraussetzung wird
erfüllt durch das Prinzip des Einzigen Spions: Ein einziger
Geheimagent, der als Experte für Doppelspionage gleichzeitig für mehrere Geheime Korps spioniert, verfügt stets
über aktuelle und sichere Informationen.

Was aber, wenn die Separaten Korps aufgrund des Prinzips des Institutionalisierten Leerlaufs weder öffentlich noch geheim irgend etwas tun? In diesem Fall muß der Spion eine dritte Voraussetzung besitzen, nämlich die, erfundene Informationen zu sammeln und weiterzugeben. Der Spion ist dann also nicht nur Übermittler, sondern sogar Quelle der Information. In gewissem Sinn kann man sagen, daß nicht das Separate Korps den Spion hervorbringt, sondern der Spion das Separate Korps.

Unter diesen Gesichtspunkten bot der Agent Wwwsp Gggrs sich als der geeignetste Mann an, und zwar aus verschiedenen Gründen. Vor allem, weil er ein Zweischaler von der Cassiopeia ist, Angehöriger einer Spezies, die auf der Grundlage mehrwertiger Logiken denkt und sich nur in Äußerungen mit hoher referentieller Opazität ausdrückt; die wunderbare Verflochtenheit dieser beiden Voraussetzungen macht sie besonders geeignet für das Lügen, den systematischen Selbstwiderspruch, die schnelle Manipulation scheinbarer Synonyme und das Nichtunterscheiden zwischen Ausdrücken *de re* und solchen *de dicto* (in der Art: »Wenn Tullius = Cicero ist und Tullius ein Wort mit sieben Buchstaben, dann ist Cicero ein Wort mit sieben Buchstaben«; eine Form des Argumentierens, die, vermutlich aufgrund des von unseren Offizieren erreichten hohen Niveaus der logischen Formalisierung, selbst in den entlegensten Garnisonen der galaktischen Peripherie zu großem Ansehen gelangt ist).

Zweitens ist Wwwsp Gggrs, wie bereits gesagt, ein miniaturisierter Zweischaler (wie übrigens der größte Teil der Bewohner von Cassiopeia). Das erleichtert es ihm, zu den unwahrscheinlichsten Orten vorzudringen, indem er seine Fortbewegungsprobleme durch die typische Verkleidung als Zigarettenbehälter oder Puderdöschen löst und sich in den Taschen von Mittler-Agenten mitnehmen läßt. Und als solche fungieren bekanntlich die Infiltrierten jedes Separaten Korps, die zwischen den einzelnen Korps hin- und herpendeln, ohne kontrolliert zu werden.

Damit ist erklärt, weshalb der Agent Gggrs für mindestens drei Militärkorps arbeitete. Nun die Rechtfertigung für den Zwischenfall, auf den sich die Anfrage Eurer Exzellenz bezieht.

Anscheinend hat der betreffende, im Dienst des Oberkommandos von Capricorn, des Polizeikorps von Antares und der Militärdirektion von Ursa stehende Agent, anstatt sich von Capricorn für das Ausspionieren von Antares und Ursa bezahlen zu lassen, von Antares für das Ausspionieren von Ursa und Capricorn und von Ursa für das Ausspionieren von Antares und Capricorn – wofür er sechs Gehälter bekommen hätte –, aufgrund eines angeborenen Hanges zur Intrige sich insgeheim von Antares für das Ausspionieren von Antares bezahlen lassen, von Ursa für das Ausspionieren von Ursa und von Capricorn für das Ausspionieren von Capricorn. Die Unrechtmäßigkeit dieses Verhaltens, aufgrund dessen bei jedem Separatem Korps große Ausgaben für das Beschaffen von Informationen über sich selbst entstanden sind, liegt auf der Hand. Da die vom Agenten gelieferten Informationen falsch waren, wäre der Betrug niemals aufgefallen; jeder Verantwortliche der Separaten Korps erhielt ständig Informationen, die er noch nicht kannte, weshalb er glaubte, sie bezögen sich auf ein anderes Korps.

Die Sache flog erst auf, als General Proazamm vom Oberkommando von Capricorn vertrauliche Informationen über seinen eigenen Vizekommandanten haben wollte. Er beschloß, Wwwsp Gggrs für diese Aufgabe anzuheuern, und beauftragte Hauptmann Coppola, der sich einmal im Monat auf den Pluto begab, dem Agenten (der, neben-

bei gesagt, von anderen Behörden von Capricorn wegen
kleiner Delikte gesucht wurde) sein Gehalt zu überbrin-
gen. Erst im Gespräch mit Hauptmann Coppola wurde
dem General die verwirrende Situation klar, und er arg-
wöhnte, daß es Unregelmäßigkeiten in der Organisation
des Geheimdienstes von Capricorn gebe; er erkundigte
sich beim Koordinationsdienst, der pflichtgemäß erklärte,
er wisse von nichts. Dies genügte General Proazamm, um
zu begreifen, daß sein Argwohn begründet war; da die Bewohner von Capricorn bekanntlich über telepathische Fähigkeiten verfügen, war es unausweichlich, daß General
Proazamms Argwohn von den telepathischen Diensten der
bekanntlich auf Skandalnachrichten versessenen *Gazette
von Procyon* empfangen wurde. Das war der Grund für
den bekannten Zwischenfall.

Wir können Eurer Exzellenz übrigens versichern, daß
der schuldige Agent sofort in einer Weise neutralisiert worden ist, die ihm die weitere Ausübung irgendeiner Spionage-
tätigkeit unmöglich macht. Er wurde zum Generalsekretär
der Intergalaktischen Kommission für die Moralisierung
der Spionagedienste ernannt. General Proazamm wurde
mit einer anderen Aufgabe beim Kommando Treibsand auf
Beteigeuze betraut, von wo uns gerade heute morgen die
Nachricht von seinem Unfalltod bei der Inspektion des
Sumpfgebietes Nummer 26 erreichte. Was die *Gazette von
Procyon* angeht, so wurde sie vom Hochkommissariat für
die Zitronensäure aufgekauft, das im übrigen ihr Weiterbe-
stehen als freies und demokratisches Organ gesichert hat.

Ich versichere Sie, Exzellenz, meiner tiefsten Ergebenheit und verbleibe Ihr

Raumadmiral IV. Kommando
(Name weggelassen – top secret)
Oberdienst für die Koordination der Geheimdienste

PS. Ich bitte Sie, zur Kenntnis zu nehmen, daß nach den Vorschriften dieses unseres Koordinationsdienstes alle im vorliegenden Brief enthaltenen Informationen aus Gründen militärischer Sicherheit falsch sind.

Kommando Intergalaktischer Stab
Casino, Montecarlo
Von General Giansaverio Rebaudengo
an alle Korps der Galaxie
Offiziere, Unteroffiziere, Soldaten. Ich übernehme ab heute das allgemeine und höchste Kommando unseres glorreichen Heeres. Möge die Erinnerung an die heldenhaften Kämpfer von San Martino und Solferino, von der Piave und der Bainsizza ein Memento für unsere künftigen Siege sein.
Hoch das Universum!
PS. Zur Feier des Galaktischen Festes am 2. Juni findet am nächsten Sonntag in der Zone Gemini ein großes Kriegs-Potlach statt. Das III. Hautflüglerdetachement vom Sirius wird gegen das Donnerbataillon von der Wega kämpfen.

Gezeichnet
Giansaverio Rebaudengo

DRINGENDER FUNKSPRUCH
VON COMILITER SIRIUS
AN STAB, CASINO
OBIGES KOMMANDO WIRD RESPEKTVOLL DARAN ER-
INNERT, DASS HAUTFLÜGLER DES SIRIUS SECHS WIE-
DERHOLE SECHS MILLIMETER HOCH SIND UND ZWEI
WIEDERHOLE ZWEI MILLIMETER UMFANG HABEN,
WÄHREND DIE IM DONNERBATAILLON DIENENDEN
SOLDATEN DER WEGA EINE DICKHÄUTERRASSE SIND,
BEI DER JEDES INDIVIDUUM ACHT WIEDERHOLE ACHT

TONNEN WIEGT STOP HALTEN TREFFEN FÜR NICHT REALISIERBAR AUCH WEIL WEGEN GERINGER BEVÖL-KERUNGSDICHTE SIRIUS III. HAUTFLÜGLER-DETACHE-MENT AUS FÜNFHUNDERT WIEDERHOLE FÜNFHUNDERT EINHEITEN BESTEHT WÄHREND DONNERBATAILLON VON WEGA AUS FÜNFUNDZWANZIGTAUSEND EINHEI-TEN BESTEHT STOP

GEZEICHNET
GENERAL BEE

FUNKSPRUCH
VON STAB
AN COMILITER SIRIUS
WORT UNMÖGLICH EXISTIERT NICHT IM WORTSCHATZ
DES INTERGALAKTISCHEN SOLDATEN STOP WEITERMA-CHEN STOP

GEZEICHNET
GENERAL GIANSAVERIO REBAUDENGO

Geheimvermerk
für General Giansaverio Rebaudengo
Wir erlauben uns, Eure Exzellenz darauf aufmerksam zu machen, daß im Turnus der normalen Rotation der Interga-laktischen Korps bei der Ehrenwache für den Präsidenten der Föderation im laufenden Monat die Todesfähnriche von Pegasus an der Reihe sind. Unsere Behörde möchte die glänzende militärische Ausbildung dieses heldenhaften Korps keineswegs in Abrede stellen, muß aber darauf hin-weisen, daß die Bewohner von Pegasus durchschnittlich achtzehn Meter groß sind; ihr Fuß mißt drei mal zwei Me-ter. Der Umstand, daß sie nur einen Fuß besitzen, macht die Situation nicht weniger besorgniserregend, wenn man bedenkt, daß diese Soldaten sich nur hüpfenderweise fort-

bewegen können. Bei der Eröffnungsfeier für die Levante-Messe in Bari hat letzte Woche ein Angehöriger der Präsidentengarde aus Versehen den Erzbischof von Apulien zertreten. Wir bitten Eure Exzellenz deshalb, Schritte in die Wege zu leiten, damit die Rotation der Korps beschleunigt wird und damit Soldaten aus mit irdischen Maßstäben unvereinbaren Völkern vom Dienst ausgeschlossen werden.

Der Präsident der Föderation rät außerdem davon ab, die Läufer von Orion bei den Kriegs-Potlachs mitkämpfen zu lassen. Da diese Zivilisation eine Form der Seelenwanderung durch Metempsychose entwickelt hat, gehen die Orionianer dem Tod außerordentlich gleichmütig entgegen, so daß jedes Match, bei dem sie beteiligt sind, sportlich gesehen unfair wird. Zumindest ist anzuraten, sie mit anderen Einheiten kämpfen zu lassen, die die Überzeugung vom Weiterleben nach dem Tod in hohem Maße entwickelt haben, wie die vatikanische Schweizergarde, die irische Infanterie, die spanische Falange, die japanischen Kampfflieger.

Sekretariat des Palasts der Föderation
La Turbie

Stabskommando
an den Präsidenten der Intergalaktischen Föderation
La Turbie
Exzellenz, ich glaube nicht, daß ich die Ratschläge, die Sie mir durch das Sekretariat haben zukommen lassen, berücksichtigen kann. Die Intergalaktischen Soldaten sind vor diesem Kommando alle gleich, und ich kann irgendwelche Bevorzugungen oder Benachteiligungen nicht zulassen. Im Lauf meiner langen und ruhmreichen Soldatenlaufbahn habe ich niemals Unterschiede zwischen Armen und Reichen, Kalabresern und Venetern, Großen und Kleinen ge-

macht. Ich erinnere mich, daß ich vor langer Zeit im Jahr 2482 den Pressionen einer pietistischen und kryptofaschistischen Presse widerstand und die IV. Eskimo-Harpunierer von Franz-Joseph-Land auf Patrouillendienst in die Sahara schickte. Diese prächtigen Soldaten starben alle bei der Erfüllung ihrer Pflicht. Trägt ein Soldat eine Uniform, so achte ich nicht auf die Tonnage. Ich bedauere den Unfall, der dem illustren verstorbenen Oberhirten von Apulien zugestoßen ist, aber das Heer muß hart bleiben. Im nunmehr weit zurückliegenden 20. Jahrhundert wurden Hunderttausende italienischer Soldaten in Tennisschuhen auf die russischen Schlachtfelder geschickt, und ich habe nie gehört, daß dadurch das Ansehen der Oberkommandos Schaden genommen hätte. Die Entscheidung des Kommandanten schafft das Heldentum des Soldaten.

Hoch das Universum!

Gezeichnet
General Giansaverio Rebaudengo

FUNKSPRUCH
VON STABSKOMMANDO
AN ZENTRALSTELLE FÜR TRUPPENVERSORGUNG
BETEIGEUZE
EMPÖRT ÜBER VIELFALT DER ESSENSRATIONEN UND BESORGT ÜBER AUFWEICHUNG DER ESS-SITTEN DIE AN TRADITIONEN UND DISZIPLIN UNSERES GLORREICHEN HEERES RÜTTELT BEFEHLE ICH DASS AB HEUTE ESSENS-RATIONEN FÜR ALLE SOLDATEN DER VEREINIGTEN GA-LAXIEN VEREINHEITLICHT WERDEN AUF NORMFORMAT FÜNFHUNDERT GRAMM ZWIEBACK EINE BÜCHSE GE-FRIERFLEISCH VIER TAFELN SCHOKOLADE EIN DEZI-LITER GRAPPA STOP

GEZEICHNET
GENERAL GIANSAVERIO REBAUDENGO

FUNKSPRUCH

VON ZENTRALSTELLE FÜR TRUPPENVERSORGUNG

BETEIGEUZE

AN STABSKOMMANDO, CASINO

VERWEISEN AUF BIOLOGISCHE UNTERSCHIEDE VER-
SCHIEDENER KORPS DES INTERGALAKTISCHEN HEERS
STOP BEISPIEL SOLDATEN ALTAIR PFLEGEN JEDEN MOR-
GEN DREIHUNDERTSECHZIG KILOGRAMM FLEISCH VON
ALTAIR-GNU ZU ESSEN, FLÜSSIGE PIONIERE VON AURIGA
BESTEHEN AUSSCHLIESSLICH AUS ÄTHYLALKOHOLEN
UND RATION GRAPPA KLINGT FÜR SIE WIE PROVOKA-
TION UND AUFFORDERUNG ZUM KANNIBALISMUS.
HOOKS-SOLDATEN VON BELLATRIX SIND STRIKTE VE-
GETARIER WÄHREND JÄGER VON COMA BERENICES
SICH VON EINHEIMISCHEM ZWEIBEINIGEM UND FEDER-
LOSEM WILD ERNÄHREN WAS ZU EINIGEN BEDAUER-
LICHEN VERWECHSLUNGEN FÜHRTE BEI DENEN ABTEI-
LUNG DIESER JÄGER IRRTÜMLICHERWEISE GANZES
ZWECKS INTEGRATION DORTHIN ENTSANDTES BATAIL-
LON ALPINI VERSPEISTE WEIL SIE SIE ALS ESSENSPAKETE
BETRACHTETE STOP MÖCHTEN BEI DIESER GELEGEN-
HEIT PROBLEM DER VON DIESEM KOMMANDO VERFÜG-
TEN NORMIERUNG DER UNIFORMEN AUFGREIFEN STOP
UNMÖGLICH EINHEITSUNIFORM JACKE MIT RÜCKEN-
SPANGE ACHT METER GROSSEN SOLDATEN MIT FÜNF
ARMEN ANZUPASSEN WÄHREND NORMHOSE VÖLLIG
UNGEEIGNET FÜR WURMFÖRMIGE SOLDATEN STOP BIT-
TEN UMGEHEND UM FLEXIBLE ANPASSUNG AN UNTER-
SCHIEDLICHE BIOLOGISCHE ERFORDERNISSE STOP

GEZEICHNET

GENERAL PERCUOCO

FUNKSPRUCH

VON STABSKOMMANDO, CASINO

AN GENERAL PERCUOCO

ZENTRALSTELLE FÜR TRUPPENVERSORGUNG

BETEIGEUZE

SEHEN SIE WIE SIE ZURECHTKOMMEN STOP

GEZEICHNET

GENERAL GIANSAVERIO REBAUDENGO

Vertraulicher Bericht
an Militärkommando Valladolid, Europa
und zur Kenntnisnahme an Kommando des Galaktischen
Korps, Sol III
Dem Intergalaktischen Finanzkommando ist bekannt geworden, daß die Kraftfahrer von Valladolid Benzingutscheine fälschen, um Treibstoff aus Heeresbeständen auf dem intergalaktischen schwarzen Markt zu verkaufen. Aus den Ermittlungen der von uns beauftragten Kommission für Disziplin, die acht Jahre lang alle Verwaltungsvorgänge sowie die Gut- und Lastschriften beim Kommando des Fuhrparks von Valladolid überprüfte, hat sich ergeben, daß neun Benzinfässer verschwunden sind. Wir haben diese Nachforschungen – sie wurden von zuverlässigen Computerfachleuten von Bootes durchgeführt, die auf der Erde nur in durch Strontium 90 betriebenen Unterdruckkammern leben können – abbrechen lassen, weil sie 80 000 intergalaktische Kredits gekostet haben, also drei Millionen alte kanadische Dollar. Wir bitten die oben angesprochenen Kommandos, der Sache nachzugehen und die Verantwortlichen ausfindig zu machen.

Intergalaktisches Finanzkommando
Leo

Vertraulicher Bericht
an Intergalaktisches Finanzkommando
Leo

Im Auftrag des hiesigen Fuhrparkkommandos habe ich gründliche Nachforschungen bezüglich des Verschwindens der neun Benzinfässer angestellt und dabei folgendes herausgefunden. Der Treibstoff wurde in Bilbao auf Schmuggler-Raketenflugzeuge vom Saturn verladen und nach Algol (Perseus) gebracht, wo diese Flüssigkeit als superalkoholisches (bzw. superoktanisches) Getränk gilt. Wegen eines bei der Reise von der Erde nach Perseus entstandenen Kompetenzstreites war es mir nicht möglich, die ganze Kette von Verantwortlichen zu rekonstruieren. Auf Sol III nämlich fällt das Problem in den Kompetenzbereich der Verkehrsdirektion, während es auf Perseus zum Kompetenzbereich der Versorgungsdirektion gehört. Wir empfehlen deshalb, den ganzen Fall der Generaldirektion für militärische Raumtransporte mit Sitz auf Procyon unter dem Stichwort »Interner Schmuggel« auf Formblatt 367/00/C.112 vorzulegen.

Kommando
Guardia Civil
Valladolid

FUNKSPRUCH
VON GENERALDIREKTION
FÜR MILITÄRISCHE RAUMTRANSPORTE
AN INTERGALAKTISCHES FINANZKOMMANDO
LEO
AUF FORMBLATT 367/00/C.112 MITGETEILTE ANGELE-
GENHEIT BETR. BENZINFÄSSER FÄLLT NICHT IN KOMPE-
TENZBEREICH UNSERER DIREKTION DA RAKETENFLUG-
ZEUGE AUF DEM FLUG VON BILBAO NACH PROCYON

RELATIVIERUNG IN HYPERRAUM DURCHFÜHREN MÜS-
SEN UND DREIHUNDERT JAHRE VOR IHRER ABREISE
ANKOMMEN STOP PROBLEM FÄLLT DESHALB IN KOMPE-
TENZBEREICH MILITÄRHISTORISCHES ARCHIV VEL-
LETRI DEM DER FALL AUF FORMBLATT 450/00/99/P
VORZULEGEN IST STOP

GEZEICHNET
DIREKTION FÜR
MILITÄRISCHE RAUMTRANSPORTE

FUNKSPRUCH
VON MILITÄRHISTORISCHEM ARCHIV
VELLETRI
AN INTERGALAKTISCHES FINANZKOMMANDO
LEO
BEDAUERN IHRE ANFRAGE FORMBLATT 450/00/99/P
NICHT BEANTWORTEN ZU KÖNNEN WEIL HISTORISCHES
ARCHIV AUFGRUND UNZUREICHENDER AUSSTATTUNG
IMMER NOCH MIT AUFARBEITUNG DES MATERIALS AUS
DER ZEIT ZWISCHEN SCHLACHT VON LEPANTO UND
KRIEG 15/18 BESCHÄFTIGT STOP

GEZEICHNET
MILITÄRHISTORISCHES ARCHIV

General Rebaudengo
an Intergalaktisches Finanzkommando
Leo
Was zum Teufel ist das für eine Geschichte von irgendwelchen Benzinfässern? Wo doch seit dem Jahr 1999 der sogenannten Vulgärzeit beim Heer kein Benzin mehr verwendet wird? Und was tut ein Kraftfahrerkommando in Valladolid?

Rebaudengo

Intergalaktisches Finanzkommando
Leo

Eure Exzellenz, wir begreifen Ihr Erstaunen; doch muß
unser Kommando, getreu dem Motto der Intergalaktischen Finanzverwaltung (»Nie aufgeben«), sich immer
noch mit Vorgängen befassen, die von früheren Militärbe-
hörden stammen und alle in unsere Archive auf Bootes
übergegangen sind. Es handelt sich hier tatsächlich um
einen Vorfall, der schon einige hundert Jahre zurückliegt;
doch können wir auf jeden Fall bestätigen, daß in Valladolid ein Kraftfahrerkommando existiert. Die Tatsache, daß
dieses Kommando keine Kraftfahrzeuge verwaltet, liegt
außerhalb unseres Kompetenzbereiches; wir wissen aber,
daß die in Enotrien immer noch bestehende Nationale
Kohlenwasserstoffgesellschaft Benzin ausschließlich für
dieses Kommando produziert, möglicherweise aufgrund
früherer, noch nicht aufgehobener Bestimmungen. Wir fragen uns, weshalb es immer noch eine Nationale Kohlen-
stoffgesellschaft gibt; aber sie existiert jedenfalls und hat
ihren Sitz in Rom, im selben Gebäude, das die Dienststelle
für die Auszahlung der Pensionen an die Heimkehrer aus
den Kolonien und den Rat für die Verleihung militärischer
Auszeichnungen an die Gefallenen des dritten Unabhän-
gigkeitskrieges beherbergt.

Generalkommandant
Leo Leo von Leo, Leo

Vertrauliche Mitteilung
von Stabskommando, Casino
an Intergalaktisches Finanzkommando,
Guardia Civil von Valladolid
Militärhistorisches Archiv, Velletri,
Generaldirektion für Militärische Raumtransporte,
Kommando des Galaktischen Korps, Sol III
In Anlehnung an den Wahlspruch des Regiments, von dem
ich herkomme (»Quieta non movere, mota quietare«), rate
ich, den ganzen in den vorhergehenden Briefen behandel-
ten Vorgang im Archiv abzulegen. Da eine der tragenden
Säulen unseres glorreichen Heeres gerade die Hochschät-
zung der Tradition ist, würde ich es für unangebracht und
beleidigend halten, wollte man die geschichtliche Funk-
tion und die Verfassungstreue des glorreichen Kraftfahrer-
kommandos von Valladolid, das sich zweifellos irgend-
wann und irgendwo mit Ruhm bedeckt hat, in Zweifel
ziehen. Sollte beim Heer der Eindruck entstehen, daß die
Vorgesetzten und die öffentliche Meinung kein Vertrauen
zu ihm haben und die Existenzberechtigung irgendeiner
glorreichen Einheit anzweifeln, so würde das zu fatalen
psychologischen Komplexen führen und damit zu einer
Schwächung von Pflichtgefühl, Opferbereitschaft, Seelen-
stärke und Schlagkraft der Truppe, der Unteroffiziere und
Offiziere.

Akte ablegen.

General Giansaverio Rebaudengo

Zentrum für Untersuchungen über ethnische Relativität
Alpha von Centaurus
Exzellenz General Rebaudengo: Da uns zufällig der Fall
des auf Algol als hochprozentiges Alkoholgetränk verwendeten »Benzins von Valladolid« bekannt geworden ist, er-

lauben wir uns, darauf hinzuweisen, daß dies nicht der einzige Fall dieser Art ist. Man sollte eben die Schwierigkeiten berücksichtigen, die sich aus der Relativität der Sitten und Gebräuche im Galaktischen Heer ergeben. Beispielsweise hat das Kommando für Truppenversorgung auf Beteigeuze, als es von einer epidemischen Augenkrankheit bei den Briariern vom Regulus erfuhr, hunderttausend Hektoliter Borwasser zu therapeutischen Zwecken dorthin geschickt, weil ihm nicht bekannt war, daß Borsäure dort (verbotenerweise) als Droge benutzt wird. Man sollte die verschiedenen im Heer verwendeten Substanzen deshalb in Hinsicht auf die Art, wie die unterschiedlichen Angehörigen des Heeres sie verwenden könnten, katalogisieren. Wir empfehlen, die Formblätter an die Matrizes von Koenig-Stumpf anzupassen, die $83\,000^{10}$ verschiedene Kombinationen gestatten.

Dr. Malinowski
Direktor des Zentrums

Zentrum für Untersuchungen über ethnische Relativität
Alpha von Centaurus
Hochverehrter General Rebaudengo, wir danken Ihnen, daß Sie unsere Anregungen aufgegriffen haben, erlauben uns aber, Sie darauf aufmerksam zu machen, daß es vielleicht nicht sehr zweckmäßig war, die Anpassung der Formblätter an die Matrizes von Koenig-Stumpf dem Zentrum für maschinelle Datenverarbeitung vom Altair zu übertragen. Diese Formblätter setzen nämlich eine nichteuklidische Geometrie Riemannscher Provenienz voraus und arbeiten mit einer modalen Logik. Die Bewohner des Altair hingegen denken gemäß einer einwertigen Logik (für sie kann etwas nur sein oder nicht sein) und messen den Raum gemäß einer sogenannten hypoeuklidischen

oder Abbott-Geometrie, in der es nur eine Dimension gibt. Wir erinnern auch an die Erfahrungen, die man gemacht hat, als auf dem Altair Kragenspiegel eingeführt wurden, um die Heereskorps voneinander unterscheiden zu können, und man dabei nicht berücksichtigte, daß die Altairianer nur eine Farbe kennen. Wir begreifen offen gesagt auch nicht, wie man angesichts der Tatsache, daß die Altairianer keine dreidimensionalen Gegenstände wahrnehmen können, auf dem Altair ein Zentrum für maschinelle Datenverarbeitung einrichten konnte. In Augenblicken des Zweifels fragen wir uns sogar, warum auf dem Altair irgend etwas existiert und ob es überhaupt existiert. Bis heute sind die einzigen Zeugnisse für die Existenz irgendwelchen Lebens auf diesem Stern die Angaben des PSI-Zentrums auf dem Mount Wilson, das behauptet, in telepathischen Kontakt mit den dortigen Eingeborenen zu stehen.

Hochachtungsvoll

Dr. Malinowski
Direktor des Zentrums

FUNKSPRUCH

VON STABSKOMMANDO

AN POLIZEIKOMMANDO KONSTELLATION

CENTAURUS

UND POLIZEIKOMMANDO

PLANET SOL III

BEFEHLE SOFORTIGE FESTNAHME VON DR. MALINOWSKI WEGEN VERUNGLIMPFUNG DER GLORREICHEN STREITKRÄFTE VOM ALTAIR STOP BEFEHLE AUSSERDEM SCHLIESSUNG PSI-ZENTRUM VON MOUNT WILSON STOP ES IST UNZULÄSSIG, DASS ANGEHÖRIGE EINER MILITÄRISCHEN INSTITUTION DEN GANZEN TAG MIT DENKEN VERBRINGEN STOP LUMPEN UND FAULENZER WERDEN

NICHT GEDULDET STOP WIEDERERÖFFNUNG DES ZEN-
TRUMS, SOBALD ES MÖGLICH IST, JEDE TELEPATHI-
SCHE KOMMUNIKATION AUF DOPPELTEM FORMBLATT
ZU REGISTRIEREN STOP

GEZEICHNET
GENERAL GIANSAVERIO REBAUDENGO

FUNKSPRUCH
VON VORPOSTEN
AUF KLEINER MAGELLANSCHER WOLKE
AN KOMMANDO INTERGALAKTISCHER STAB
CASINO, MONTECARLO
UND AN PRÄSIDIUM DER FÖDERATION
LA TURBIE
VON ÄUSSERSTER GRENZE DES BEKANNTEN UNIVER-
SUMS ANNÄHERUNG NICHT IDENTIFIZIERTER FLIEGEN-
DER OBJEKTE GEMELDET STOP SPÄHTRUPP FLIEGEN-
DER STURMPIONIERE VON CANOPUS DURCH EINHEITEN
DER EINDRINGLINGE VERNICHTET STOP EINDRING-
LINGE VERMUTLICH AUS HYPERZONE DES UNIVERSUMS
STOP IHR AUF UNBEKANNTER ENERGIEQUELLE BERU-
HENDES ZERSTÖRUNGSPOTENTIAL BEDROHT BESTAND
DER INTERGALAKTISCHEN FÖDERATION STOP ERBIT-
TEN WEISUNGEN STOP SIND DER ANSICHT, DASS ...

(ABBRUCH DER ÜBERTRAGUNG)

FUNKSPRUCH
VON PRÄSIDIUM DER FÖDERATION
AN KOMMANDO INTERGALAKTISCHER STAB
ZUM ERSTENMAL IN IHRER GESCHICHTE WIRD DIE FÖ-
DERATION MIT EINEM ÄUSSEREN FEIND KONFRON-
TIERT STOP SOFORT VERTEIDIGUNG AUFBAUEN STOP
VERTRAUEN IN DIESER TRAGISCHEN HISTORISCHEN

NOTLAGE AUF EHRWÜRDIGE MILITÄRISCHE TRADITIO-
NEN UNSERES HEERES UND AUF LANGE ERFAHRUNG
DES KOMMANDOS STOP GENERAL REBAUDENGO ÜBER-
NIMMT UNMITTELBAR KOMMANDO DER OPERATIONEN
STOP

GEZEICHNET
PRÄSIDENT LA BARBERA

FUNKSPRUCH
VON KOMMANDO INTERGALAKTISCHER STAB
CASINO
AN ALLE AKTIVEN EINHEITEN
DES UNIVERSUMS
OFFIZIERE, UNTEROFFIZIERE, SOLDATEN! DIE STUNDE
DES SCHICKSALS KLOPFT AN DIE PFORTEN DER FÖDE-
RIERTEN GALAXIEN! VON UNSERER SCHNELLIGKEIT,
UNSERER SELBSTVERLEUGNUNG, UNSEREM TAKTISCHEN
UND STRATEGISCHEN KÖNNEN HÄNGT DAS SCHICKSAL
UNSERER HEIMAT AB! SOLDATEN! JEDER AUF SEINEM
POSTEN UND EIN POSTEN FÜR JEDEN! ICH ÜBERNEHME
UNMITTELBAR DAS KOMMANDO DER OPERATONEN
UND ORDNE FOLGENDES AN: ALLE MOBILEN EINHEI-
TEN DES SONNENSYSTEMS KONZENTRIEREN SICH AM
ISONZO; DAS IV. HEERESKORPS MIT SITZ AUF BOOTES
BESETZT DIE STELLUNGEN LAGAZUOI, SASSO DI STRIA,
PAGANELLA, LAGO DI CAREZZA UND PORDOT; DAS V.
HEERESKORPS MIT STANDORT PLEIADEN UND DIE ELI-
TEABTEILUNGEN DER OKTOPODEN VON OPHIUCHUS
SAMMELN SICH AN TAGLIAMENTO UND PIAVE; DIE GE-
PANZERTEN EINHEITEN DER FLÜSSIGEN STURMTRUP-
PEN VON AURIGA HALTEN DIE POSITION MONTE
GRAPPA (UNTERDRUCKKAMMERN UND AUSHÄRTUNGS-
GLOCKEN STUFE 118 BEREITHALTEN): DIE TODESPER-

SEIDEN VON ALGOL KONZENTRIEREN SICH AM LINKEN UFER DER ETSCH UND BAUEN PONTONBRÜCKEN; DIE BOHRER VOM PLUTO VERLAGERN SICH UNVERZÜGLICH NACH ORTISEI UND LEGEN SCHÜTZENGRÄBEN AN. DIE ÜBRIGEN EINHEITEN WARTEN IN PLANQUADRAT PESCHIERA AUF MEINE ANORDNUNGEN. UNSERE LEIBER WERDEN EINEN WALL GEGEN DEN FEINDLICHEN EINDRINGLING BILDEN, UND ER WIRD SICH IN WILDER FLUCHT IN JENE ABGRÜNDE DES HYPERRAUMS ZURÜCKZIEHEN, AUS DENEN ER SO STOLZ UND SIEGESSICHER HERVORGEKOMMEN IST. MÖGEN DIE EHRWÜRDIGEN SOLDATISCHEN TRADITIONEN UNSERES GLORREICHEN HEERES UNS KRAFT GEBEN! STELLEN WIR UNS DIESER GROSSEN ZEIT, DIE UNS VON DER GESCHICHTE DARGEBOTEN WIRD, IN ANGEMESSENER HALTUNG. SEIEN WIR STARK, FEST UND HELDENHAFT. SOLDATEN! HOCH TRIENT UND TRIEST UND DIE GALAKTISCHEN GEBIETE! DER SIEG WIRD UNSER SEIN!

(1976)

Verlagskorrekturen

Heutzutage verlangen selbstherrliche Verleger, vor allem in den USA, aus kommerziellen Gründen vom Autor nicht nur stilistische Änderungen, sondern sogar Veränderungen an Handlung und Schluß ihrer Bücher. Kann man aber, wenn man etwa an die Eingriffe Elio Vittorinis in die Texte junger Schriftsteller denkt, wirklich sagen, in der Vergangenheit seien die Verhältnisse anders gewesen?

So spricht man gemeinhin nicht darüber, daß die erste Version eines bekannten Gedichts von Salvatore Quasimodo noch lautete: »Jeder steht allein auf dem Herzen der Erde, durchbohrt von einem Sonnenstrahl. Und so weiter.«* Nur auf Druck des Verlegers entstand die viel berühmtere Fassung. Die erste Fassung von Eliots *Waste Land* begann: »April ist der grausamste Monat. Aber auch den März kann ich empfehlen.« In verärgerter Erinnerung an klimatische Unbilden sprach der Text dem April jeden Zusammenhang mit den Vegetationsriten ab. Es ist bekannt, daß Ariost dem Verleger ursprünglich einen lapidaren Text vorlegte, der besagte: »Über die edlen Damen, die Ritter, die Waffen, die Liebeshändel, die höfischen Bräuche, die kühnen Taten sage ich nichts.«* Und das war's dann schon. »Sollte man über dieses Thema nicht ein bißchen mehr schreiben?« hatte der Verleger gemeint. Und Signor Ludovico, der schon seine Probleme in der Garfagnana hatte: »Da bin ich anderer Meinung. Ritterepen gibt es dutzendweise; lassen wir das. Ich möchte dazu an-

---

* Die mit Sternchen bezeichneten Stellen werden im Anhang erläutert.

regen, daß man die Gattung aufgibt.« Und der Verleger: »Ich verstehe, und ich finde die Idee nicht schlecht. Aber wie wäre es, wenn Sie die Epik ironisch behandeln würden? Wir können doch kein Buch verkaufen, das nur aus einer Seite mit zwei Versen besteht, die an Mallarmé erinnern. Das würde dann eine numerierte Ausgabe, und wenn Krizia sie nicht sponsert, sind wir im Eimer.«

Besonders interessant der Fall Manzoni. Dieser hatte die erste Fassung seines Romans so begonnen: »Jener Zweig des Gardasees.«* Auf den ersten Blick scheint sich dadurch nichts zu ändern, aber der Eindruck trügt. Denn dieser Anfangssatz hätte die Geschichte in Riva am Gardasee, also in der Republik Venedig spielen lassen. Man braucht sich nur zu überlegen, wie lange Renzo dann gebraucht hätte, um nach Mailand zu kommen. Ganz sicher wäre er für den Ansturm auf die Bäckereien zu spät gekommen. Folglich hätte der beklagenswerte junge Mann nichts Bemerkenswertes erlebt, Lucia wäre zur Nonne von Rovereto, dieser Äbtissin mit untadeligem Ruf, geflüchtet, und der ganze Roman hätte nach einigen unbedeutenden Ereignissen prompt mit einer Heirat geendet ... Aber damit hätte sich nicht einmal ein Bazzoni* zufriedengegeben.

Schwerwiegender noch der Fall Leopardi. In der ersten Fassung rief der wandernde Hirte in Asien noch aus: »Was tust du, Jupiter, am Himmel? sag mir, was tust du, stiller Jupiter?« Nichts gegen diesen ehrenwerten Planeten; aber man kann ihn leider nur zu bestimmten Jahreszeiten sehen, und es sind nur sehr wenige emotionale und metaphysische Konnotationen mit ihm verbunden. Tatsächlich kam Leopardi nur ein paar Verse weit und der Hirte zu dem Schluß, daß Jupiter ihn eigentlich nichts angehe. Glücklicherweise rettete der Verleger die Situation: »Ich bitte Sie, Dr. Leopardi, strengen Sie Ihre Phantasie ein bißchen an. Warum

nehmen Sie nicht einen Satelliten des Jupiter?«»Und sonst
noch was! Das wäre ja noch schlimmer. Was weiß ein wan-
dernder Hirte in Asien schon von Satelliten? Er kennt
höchstens den Mond. Soll ich ihn etwa den Mond anreden
lassen? Ich hab schließlich auch meinen Stolz.«»Ach was.
Probieren Sie es doch einmal.«

Tragisch der Fall Proust. In der ersten Version hatte
Proust geschrieben:»Lange Zeit bin ich nach Mitternacht
schlafen gegangen.« Es ist bekannt, was einem Heranwach-
senden passiert, der zu spät schlafen geht. Der Erzähler bekam eine Hirnentzündung und verlor dadurch praktisch
sein Gedächtnis. Am nächsten Tag traf er die Herzogin von
Guermantes und fragte sie:»Wer sind Sie, gnädige Frau?«
Bestimmte Schnitzer verzeiht man in Paris nicht; er wurde
in keinem Salon mehr empfangen. Der Erzähler konnte in
dieser ersten Fassung nicht einmal in der ersten Person
schreiben, und die *Recherche* wurde zu einem trockenen
klinischen Bericht im Stil von Charcot.

Andrerseits haben einige Philologen mich darauf hingewiesen, daß Bernard von Morlays Vers »Stat rosa pristina
nomine«, mit dem einer meiner Romane schließt, in anderen Handschriften »Stat Roma...« lautet, was außerdem
besser mit den vorhergehenden Versen übereinstimmt, in
denen vom Untergang Babylons die Rede ist. Was wäre passiert, wenn ich dementsprechend als Titel meines Romans
Der Name Roms gewählt hätte? Dann hätte Andreotti das
Vorwort geschrieben, das Buch wäre vom Verlag Ciarra-
pico herausgegeben worden und hätte den Premio Fiuggi
gewonnen.

(1990)

Gespräch in Babylon

(Zwischen Euphrat und Tigris im Schatten der hängenden Gärten, vor ein paar tausend Jahren.)

URUK – Gefällt dir diese Keilschrift? Mein Servoschreibsystem hat mir in zehn Stunden den ganzen Anfangsteil des Kodex Hammurabi verfaßt.

NIMROD – Was ist das für eins? Ein Apple Nominator vom Eden Valley?

URUK – Du bist wohl nicht bei Trost? Den kriegt man doch nicht einmal mehr auf dem Sklavenmarkt von Tyrus los. Nein, das ist ein ägyptischer Servoschreiber, ein Toth 3Megis-Dos. Er hat einen minimalen Verbrauch, eine Handvoll Reis pro Tag, und kann auch Hieroglyphen schreiben.

NIMROD – Du verbrauchst nutzlos Speicherplatz in seinem Gedächtnis.

URUK – Aber er formatiert, während er kopiert. Er braucht keinen Servoformatierer, der Lehm sammelt, die Tafeln formt, sie an der Sonne trocknen läßt, und dann schreibt ein anderer. Er formt die Tafeln, trocknet sie am Feuer und schreibt selber.

NIMROD – Aber er benutzt Tafeln von 5,25 ägyptischen Ellen und dürfte an die sechzig Kilo wiegen. Warum schaffst du dir keinen Portable an?

URUK – Mit diesen chaldäischen Flüssigkristall-Displays? Das ist was für Magier.

NIMROD – Nein, einen Mini-Servoschreiber, einen afrikanischen, in Sidon adaptierten Pygmäen. Du weißt, wie die Phönizier sind, erst kopieren sie alles von den Ägyptern, und dann miniaturisieren sie es. Schau: ein Laptop, er sitzt dir beim Schreiben auf den Knien.

URUK – Pfui Teufel, und bucklig ist er auch.

NIMROD – Natürlich, man hat ihm für das schnelle *back-up* eine Platte in den Rücken eingebaut. Ein Peitschenhieb, und er schreibt direkt in Alpha-Beta, verstehst du, statt des Graphik-Modus verwendet er einen Text-Modus, mit zwanzig Buchstaben machst du alles. Auf diese Weise geht der ganze Kodex Hammurabi auf ein paar 3,5er Tafeln.

URUK – Und dann mußt du dir auch einen Servo-Übersetzer anschaffen.

NIMROD – Muß ich gar nicht. Der Mini hat einen eingebauten Übersetzer; noch ein Peitschenhieb, und er schreibt alles in Keilschrift.

URUK – Kann er auch Graphik?

NIMROD – Aber klar. Siehst du nicht, daß er ein Color-Servoschreiber ist? Was glaubst du denn, wer mir die ganzen Pläne für den Turm gezeichnet hat?

URUK – Und du vertraust ihm? Aber wenn der Turm dann einstürzt?

NIMROD – Keine Sorge. Er hat den Pythagoras und das Memphis Lotus eingespeichert. Man braucht ihm nur die Maße einzugeben, ein Schlag mit der Peitsche, und schon zeichnet er dreidimensional eine Zikkurat. Die Ägypter mußten bei den Pyramiden noch mit dem Moses-System zu zehn Geboten arbeiten, das ein *link* von zehntausend Servo-Baueinheiten erforderte. Alles altmodische Hardware, die sie dann ins Rote Meer schmeißen mußten. Da ist das Meer gewaltig hochgegangen.

URUK – Und wie steht's mit dem Rechnen?

NIMROD – Er spricht auch in Zodiak. Er wirft dir in ein paar Sekunden dein Horoskop aus und *what you see is what you get.*

URUK – Ist er teuer?

NIMROD – Wenn du ihn hier kaufst, reicht dir eine ganze

Ernte nicht. Läßt du ihn dir aber auf den kleinen Märkten von Byblos besorgen, so bekommst du ihn für einen Sack Getreide. Man muß ihn halt gut füttern, denn du weißt ja, *garbage in garbage out.*

URUK – Ach, ich komme mit meinem ägyptischen noch ganz gut zurecht. Aber wenn dein Mini mit meinem 3Megis-Dos kompatibel ist: Könnte er ihm nicht wenigstens Zodiak beibringen?

NIMROD – Das wäre illegal, denn wenn man ihn kauft, muß man schwören, daß man ihn nur zum persönlichen Gebrauch benutzt ... Aber eigentlich macht das jeder, o. k., bringen wir sie zusammen. Ein Virus hat deiner doch hoffentlich nicht?

URUK – Er ist gesund wie ein Fisch im Wasser. Was mir Sorgen macht, ist, daß sie jetzt jeden Tag mit einer neuen Sprache daherkommen und es zuletzt zu einer Programmverwirrung kommen könnte.

NIMROD – Unsinn, aber doch nicht hier in Babylon!

(1991)

Italien 2000

Zu Ende des Jahrtausends war Italien ein Bundesstaat geworden, der offiziell die Norditalienische Republik, den Kirchenstaat, das Königreich beider Sizilien und den Freistaat Sardinien umfaßte. Doch Itaglia, die auf Elba erbaute Bundeshauptstadt, beherbergte praktisch nur den IDG (Informationsdienst Gladio)* und wurde ständig von Attentaten verwüstet, weshalb der – übrigens verwaiste – Regierungspalast, das Haus der Trikolore, von der Firma Portoghesi & Gregotti* als neugotischer Bunker hatte geplant werden müssen.

Sardinien, das Aga Khan in eine riesige schwimmende Spielhölle mit Schwimmbecken auf den Oberdecks (die früheren Strände dienten jetzt den Syrern als Flottenstützpunkte) verwandelt hatte, erfreute sich ungeheuren Reichtums.

Das Königreich beider Sizilien unter der Dynastie der Carignano von Aosta war nach seiner Loslösung vom Norden wiederaufgeblüht. 1995 waren die Norditaliener bei den blutigen Lombardischen Vespern unter Androhung von Waffengewalt gezwungen worden, den Satz »ent'el cü« zu sprechen; und alle, die »chiù« statt »cü«* sagten, deportierte man über die Gotenfront. Die Zwangsemigration der Pizzabäcker hatte zur Bildung einer Achse Posillipo-Brooklyn (Pizza Nostra) geführt: gewaltige Mengen amerikanischen Weizens wurden unter Preis eingeführt, um gefüllte Teigtaschen für den riesigen afrikanischen Markt zu produzieren. Viele Städte der beiden Sizilien hatten alle Statuen von Mazzini und Garibaldi sowie die Gefallenendenkmäler an amerikanische Museen verkauft, und auf

44

einer Versteigerung bei Christie's hatte ein Nino Bixio* in Bronze der Gemeinde Bronte achtzig Milliarden Dollar eingebracht. Gela war zum Zentrum für den Vertrieb irakischen Erdöls geworden.

Der (vom Rubikon bis Cassino reichende) Kirchenstaat hatte die Verwaltung der Uffizien, der Vatikanischen Museen und des Palazzo Ducale von Urbino japanischen Managern übertragen, und das neuerstandene Bagnoregio war zum Weltzentrum für die Produktion der Davies geworden, kleiner Plastikstatuen nach Michelangelo, die man als Kardinal, Husar oder Cowboy anziehen und bei denen man Windeln wechseln und Zäpfchen in den Popo einführen konnte. Ein Milliardengeschäft.

Befreit vom Druck der savoyischen Bürokratie, war Rom ins Goldene Zeitalter zurückgekehrt, mit einem blühenden Getto am Portico d'Ottavia, das als Freihafen für die arabischen Emirate diente. Die Touristen kamen aus der ganzen Welt, um den öffentlichen Urteilsvollstreckungen beizuwohnen (besonders beliebt das Abschneiden des Penis als Strafe für den Schmuggel mit Werken von Moravia). Der unvorhergesehene Reichtum hatte jedoch negative Auswirkungen auf die kirchliche Führungsspitze: Es war sogar herausgekommen, daß das Konklave einen brasilianischen Transvestiten unter dem Namen Moana I. zum Papst gewählt hatte.

Norditalien hingegen wurde von einer schweren Krise geschüttelt. Da es zu den Märkten des Mittelmeerraumes keinen Zugang mehr hatte, war es mit dem Problem konfrontiert, Weine nach Frankreich, Uhren in die Schweiz, Bier nach Deutschland, Computer nach Japan und das neue Modell Alfa Romiti nach Schweden verkaufen zu müssen. Die Vertreibung der Süditaliener und der Geburtenrückgang hatten zu einer industriellen Krise geführt (außer bei der Firma Pirelli, die die verbreiteten Pirlax-Kondome herstellte). Zuerst hatte man nur die Studenten der Bocconi-Universität an die Montagebänder einberufen, später gab man sich auch mit russischen Emigranten zufrieden. Die Folge war ein schleichender Rassismus: »WolgaWolga« wurde zu einer tödlichen Beleidigung, und an den Häusern tauchten Schilder auf mit der Aufschrift »Keine Vermietung an Muschiks«.

Norditalien litt unter dem »Wanderungs-Erdbeben«. Ostdeutschland hatte die türkischen Gastarbeiter vertrieben; diese waren nach Spanien gegangen, das binnen kurzem zu einem islamischen Land mit engen Geschäftsverbindungen zum Emirat Jerusalem geworden war; wegen des Andrangs von Arbeitskräften aus dem Osten hatten deutsche Arbeiter Frankreich überschwemmt (sie durchschwammen die Marne und eilten in langen Taxi-Kolonnen nach Paris), während die von Norditalien hinter die Gotenfront und von den Deutschen in Marseille zurückgedrängten afrikanischen Arbeitskräfte nach Mitteleuropa geströmt waren. Die diesen – abschätzig »Woll-du-kauf«* genannten – Wanderarbeitern gegenüber zunächst mißtrauischen Deutschen sahen sich schließlich gezwungen, der Bildung eines deutsch-afrikanischen Kaisertums zuzustimmen, und boten die Eiserne Krone Friedrich Aurelius Luambala I. an.

Die im Norden unter afrikanischem Druck stehende und von den Märkten im Mittelmeerraum abgeschnittene Norditalienische Republik erlebte jetzt eine Zeit des wirtschaftlichen Niedergangs. Nächtens bemalten unbekannte Hände die Standbilder ihres Begründers Bossi mit dem ominösen »ent'el cü«.

(1991)

Über das Preisgeben der Gedanken

Mir ist ein in Kalbsleder gebundenes und schon etwas aus dem Leim gegangenes Duodezbändchen in die Hände gefallen. Es ist nicht datiert, und der Druckort (Bagnacavallo) ist eindeutig fiktiv; doch habe ich wegen der auf die Papierbeschaffenheit zurückgehenden stark ausgeprägten rötlichen Einfärbungen der Seiten keinerlei Bedenken, als seine Entstehungszeit das siebzehnte Jahrhundert anzusetzen. Sein Titel lautet *Über das Preisgeben der Gedancken – Oder wie Fürsten, Minister, Poeten & Philosophen jhre Gedancken dadurch verheimlichen mögen, dass sie selbige in jeglicher Lage mit Fleiss offenbar machen.*

Das Buch gehört offensichtlich jener Gattung an, für die Graciáns *Handorakel*, Mazarinos *Breviario dei politici* (Politikerbrevier) und Torquato Accettos *Della dissimulazione onesta* (Über die ehrenhafte Verstellung) gute Beispiele sind. Während aber jene Handbücher den Höfling lehrten, wie er seine Gedanken verbergen, angebliche Tugenden heucheln oder, um nicht den Neid der anderen Höflinge zu erregen, wirkliche verstecken soll, stellt unsere kleine Abhandlung mit einem genialen Ruck die Situation auf den Kopf.

Da ist zum Beispiel das kleine Kapitel mit der Überschrift »Das Regieren der Völcker«. Es steht da: »Hastu das Regiment über ein Volck / dann zeige dich / so jemand dich besuchet / damit beschäfftigt / einen brief an deinen Minister auffzusetzen / vnd trage sorge / dass was du schreibest / dem auge des newgierigen wol sichtbar sey, in dem du jmmer wieder das blatt so drehest / dass sein Lynkeus-Blick es sehen und lesen kan / dass du den Minister beschuldigest / nicht dein trewer diener zuseyn / sondern ein schelm vnnd der sohn einer in den öffentlichen registern vnbekannten mutter / der reif ist für das Asylum der vnheilbaren narren vnd die Synagoge der vnwissenden besucht. Vnd auff dieße weise wird dein schreiben zum gegenstand des Geredes bei jeder Jahrmarktsschaw der curiosen dinge in der welt werden. Doch richte es so ein / dass der selbe newgierige dich am nåchsten tage sagen höre / dießer nåmliche Minister sey ein mensch von vngewöhnlicher tugend vnd dein lieber freund / der gestalt, daß die besucher der jahrmarktsschaw von newem vnd gegensåtzlichem staunen ergriffen werden. Auff diese weise werden deine Absichten zu etwas Råtselhaftem in der art eines ågyptischen Ödipus vnnd die klugen köpfe der welt werden von dir als von einem scharffsinnigen Regenten reden / der es verstehet / sich nit in die karten schawen zu lassen; vnd sie werden / wenn sie dich als den Architekten so vieler vnd einander widersprechender Machinationes auff dem öffentlichen platz sehen / vermeynen, dass du außer dem noch andere in irgend einer vnterirdischen welt ins Werck setzest.«

Unser Anonymus knausert auch nicht mit Ratschlägen an die Höflinge: »Hegest du aber vnfreundliche Gedanken vber deinen Souverain / so åußere sie nicht in den verrufenen stadtvierteln, sondern rufe auff der Versammlung ›o welch ein tölpel‹ oder auch ›er ist dumm vnd töricht / so dass der Souverain es nimmer wagen wird / dich von seynen meuchelmördern ergreifen zu lassen / weil die öffentliche meynung dann unfelbar jhm / der nun vor Wut kochet / als den auctor deß schrecklichen aufftrages ausmachen würde.«

Dann bedenkt der Anonymus die Literaten mit Ratschlägen: »Statt vber dem papiere zu schwitzen und ad amussim geschwånzte sonette zu vervollkommnen / die nur nutzlose mühe machen / musstu / so du etwan vom vorrange deß Ariosto überzeuget bist und jemanden, der den vorrang deß Tasso behauptet nit leiden magst / an die Akademia gehen vnd jenen mit maulschellen vnd faustschlägen traktieren. Vnd quel dich nit mit dem vberlegen / ob du bist, weil du denkest / wie die vltramontanen vberklugen behaupten / oder ob du denkest / weil du bist / wie die Doctores von Alcalà sagen würden / denn grossen schaden würd dein kluges kabbalistisches hirn darob leiden / sondern denk lieber an ein Theatrum / in dem du dein Gemächte zu schaw stellest / mit der linken deinen mannes schwengel schwenkst / in deß du die rechte an die nasen führest vnd / dieweil dv jhre finger wie einen fächer bewegest / das Signum machst / mit dem du schwester oder muter von jenem beleidigest – der gestalt / dass jener / da er mit dir wetteifern wil / (eher cynisch denn aristotelisch) sein eygenes Telescopium heraußzieht vnd / aller Vorsicht vergessend / dem publico zeiget / dass seyne Waffen der deinigen an gröss vnd auffrichtung weit nachstehet / so dass man allein dich als ausgeburt an scharffsinn zelebrieren mag / dieweil man das Ingenium heut zu tag auff diese Weise misset.«

Wer den Geist der neobarocken Zeit erforschen möchte, darf, so meine ich, an diesem Text nicht vorbeigehen.

(1991)

The Wom

1. Als Maschine sei jede Black box definiert, die als Input eine Größe x erhält und als Output eine Größe y liefert, wobei x ≠ y.

1.1 Eine Black box, die x als Input erhält und x als Output liefert, ist keine Maschine, sondern ein neutraler Kanal.

1.2 Es ist irrelevant, ob eine Maschine ein (sich ohne die Einwirkung äußerer Operatoren als Perpetuum mobile bewegender) perfekter Automat ist oder ob sie von außen her bewegt wird (Maschinen der letzteren Art sind die tierischen Organismen, die manuellen und die mechanischen Webstühle, die Uhrwerke und so weiter).

1.3 Es ist deshalb auch irrelevant, ob eine Maschine dem zweiten Hauptsatz der Thermodynamik unterliegt oder sich umgekehrt verhält (man kann sich durchaus eine Black box vorstellen, die einen sehr kleinen Input erhält und einen sehr großen Output liefert, der durch Rückkopplung zu immer größeren Inputs führt, und so weiter ad infinitum).

1.4 Es ist irrelevant, woher der Input stammt und wohin der Output geht (außer im Fall 1.3, der, wie bereits gesagt, im gegenwärtigen Zusammenhang irrelevant ist).

Eine Maschine läßt sich also immer in folgender Form darstellen:

2. Es stellt sich jetzt das Problem, ob Wims und Woms, das heißt *Without input machines* und *Without output machines* denkbar und/oder herstellbar sind.

3. Eine Wim ist prinzipiell denkbar, zumindest in dem Sinn, daß sie bereits gedacht worden ist. Für ein mythologisches Weltbild wäre sie Gott:

Man denke an Plotins Gottesbild. Die Vorstellung von einem unerreichbaren und undefinierbaren Einen eliminiert, zumindest theoretisch, das Problem eines Input. Eine solche Maschine ist eine nur negativ definierbare Black box par excellence, bei der nur die Outputs bekannt sind.

Auch der ewige und in seinem *ipsum esse* ruhende Gott der katholischen Theologie erhält keine Inputs und kann theoretisch bis über das Ende der Zeiten hinaus fortlaufend Outputs hervorbringen (über das Ende der Zeiten hinaus deshalb, weil die Zeit ein Nebenprodukt des göttlichen Wirkens ist, das über das Ende der Zeiten hinaus fortfährt, selige Schau und, in deren Abwesenheit, Denken hervorzubringen). Insofern die Black box sich als denkend (wenngleich von niemandem erfaßbar) denkt, stellt dieses Hervorbringen von *nous* stets auch einen Output dar, der auf irgendeine Form von Aktivität hinweist.

Andererseits bringt ebendiese Aktivität des Sichselbstdenkens beständig den trinitarischen Prozeß hervor. Dieser nämlich wäre der fortlaufende Output einer Maschine, die sich ihr eigenes Produkt selbst als neuen Input einspeist. Zwar brächte der dreieinige Gott einen in ihm selber liegenden Output hervor, doch würde er in gewisser Weise auch sein Außen mit einbeziehen, insofern der Output die Aktivität darstellen würde, durch welche die Black box sich definiert im Verhältnis zum Nichtsein beziehungsweise dem Nichts, wo, auch wenn man nicht glaubt, daß es die Hölle gibt, trotzdem immer noch Heulen und Zähneklappern herrscht. Der Output einer derartigen Maschine wäre also das Aufrechterhalten ihres eigenen Bestehens, und in diesem Sinn wäre sie aktiv. Gäbe es andererseits nicht wenigstens diese Art von Output, so wäre diese göttliche Maschine eben keine Maschine (aufgrund von Def. 1) und das Problem dieser Nicht-Maschine fiele nicht mehr in den Bereich unserer gegenwärtigen Erörterung über die Maschinen.

Eine Wim ist also zwar nicht herstellbar, aber jedenfalls denkbar, wie man bei Anselm von Canterbury sehen kann: Wir können uns ein *esse cuius nihil maius cogitari possit* denken. Daß die Möglichkeit, ein solches Wesen zu denken, zugleich Beweis seiner Existenz sein soll, interessiert uns im Augenblick nicht.

4. Indessen ist es unmöglich, sich eine Wom zu denken, nämlich ein *esse cuius nihil minus cogitari possit*. Ganz offensichtlich wäre eine Wom eine Black box, aus der, sosehr man sie auch mit Inputs füttert, niemals irgendein Output herauskommt. Mechanisch gesehen müßte man sich eine viereckige schwarze Schachtel vorstellen, bei der man nur den Input feststellen kann und aus der nicht nur nichts »Dingliches«, sondern auch nichts etwa durch Temperatur- oder Tastsinn Wahrnehmbares herauskäme; tatsächlich dürfte sie nichts von sich geben, das es ermög-

lichen würde, sie wahrzunehmen; sie wäre also nicht wahrnehmbar: Eine von anderen Wesen wahrnehmbare Wom müßte ein Feld von Reizen erzeugen und damit die Möglichkeit, ihren Umriß wahrzunehmen. Sie würde also irgendeine Form von Aktivität aufweisen. Eine perfekte Wom jedoch müßte, indem sie ihre Output-Möglichkeiten immer weiter reduziert, letztlich sich selbst zerstören. Dann allerdings, wenn die Black box verschwindet, die den Input als Input dieser Box definiert, wäre die Wom aufgrund von Def. 1 keine Maschine mehr. In diesem Sinn ist der Begriff »Wom« selbstwidersprüchlich.

Schwarze Löcher kann man deshalb nicht als Woms definieren, weil sie erstens wahrnehmbar sind (wenn auch nicht mit den Sinnen und nur aufgrund von Schlußfolgerungen aus nicht sehr handfesten experimentellen Befunden), zweitens als Output die Fähigkeit manifestieren, immer neue Materie als ihren Input anzuziehen, drittens weil man heute annimmt, daß sie sich verflüchtigen, und das Sichverflüchtigen ist, solange es andauert, eine Aktivität (Output) der Maschine, und nach der völligen Verflüchtigung gibt es keine Maschine mehr.

5. Daraus ist vorläufig der Schluß zu ziehen, daß man, da die Wom undenkbar ist, nicht nur ihre Existenz nicht beweisen kann (nicht einmal aufgrund des neg-ontologischen Beweises), sondern auch nicht ihre Nichtexistenz. Doch auch ihre Nichtdenkbarkeit läßt sich beim gegenwärtigen Stand der Untersuchungen nicht beweisen, denn hinsichtlich der Nichtdenkbarkeit der Wom gelten alle Argumente hinsichtlich der Denkbarkeit oder Nichtdenkbarkeit der Negation oder des Nichtseins.

Von der Wom kann man nicht nicht denken, sie sei nicht denkbar, doch gilt aufgrund der Regeln über die doppelte

Verneinung: (a) man kann denken, sie sei nicht denkbar, (b) man kann nicht denken, sie sei nicht denkbar, und (c) man kann nicht-denken, sie sei nicht denkbar. Man kann aber nicht sagen, daß man denken könne, sie sei denkbar.

6. Dies führt zu der Überlegung, daß die ganze Entwicklung der abendländischen Metaphysik auf einem Akt der Faulheit beruht, da sie sich ständig mit dem Problem des Ursprungs (das heißt einer Wim), also einem von vorherein gelöstem Problem befaßt, aber nie mit dem Problem des Endes (der Wom), das als einziges ein gewisses Interesse verdiente. Diese Faulheit hängt möglicherweise mit der biologischen Struktur des denkenden Wesens zusammen, das in gewisser Weise zwar seinen Anfang erfahren und durch Induktion Gewißheit darüber gewonnen hat, daß es Anfänge gibt, aber nie die Erfahrung seines Endes macht – höchstens für einen äußerst kurzen Augenblick –, und das, kaum daß es sie gemacht hat, aufhört, sie zu machen (und darüber reden zu können: vgl. *Martin Eden*: »Und als er es begriff, hörte er auf, es zu begreifen«). Juristisch ausgedrückt gibt es zwar zuverlässige Zeugnisse über den Anfang (»Ich habe angefangen ...«) oder über einen ewigen Anfang (»Ich bin der, der ist«), aber keine zuverlässigen Zeugnisse über das Ende (nicht einmal in der Religionsgeschichte ist jemals ein Wesen aufgetaucht, das von sich gesagt hätte »Ich bin nicht« oder »Ich bin der, der nicht mehr ist«). Man kann zwar annehmen, es habe ein Wesen gegeben, das unmittelbar die Abwesenheit jeglichen Inputs erfahren habe; von einem Wesen aber, das fähig wäre, die Abwesenheit jeglichen Outputs zu erfahren, hat man noch nie gehört (gäbe es ein solches Wesen, so wäre es die Wom; freilich könnte es definitionsgemäß keine Definition seiner selbst liefern; denn das Formulieren dieser Definition wäre

sein Output, durch den es sich als Wom selber vernichten würde).

7. Das Projekt eines Denkens, das sich die Wom zum Gegenstand wählt, ist also ein Beispiel für eine Neubegründung des Denkens, die jetzt ihren Anfang nimmt; und da man die Wom nicht unmittelbar denken kann, kann man nur von unvollkommenen Beispielen für Womheit ausgehen. Das ist das Ende der Kakopädie als letzter Vervollkommnung der Pataphysik, die sich aus einer Wissenschaft von den imaginären Lösungen zu einer Wissenschaft von den nicht imaginierbaren Lösungen wandeln muß.

Das Denken des Brachamutanda*

Swami Brachamutanda (Bora-Bora 1818 – Baden-Baden 1919) ist der Begründer der tautologischen Schule, deren Grundprinzipien in dem Werk *Ich sage was ich sage* dargelegt werden: Das Sein ist das Sein, Das Leben ist das Leben, Die Liebe ist die Liebe, Was gefällt, gefällt, Wer es macht, der macht es, Das Nichts nichtet. Mit abweichlerischen Schülern war der Meister notorisch unbeugsam und streng (manche sagen: dogmatisch). Brachamutanda verfocht eine rigid substantialistische Version seines Denkens, der zufolge die Formulierung »Die Frau ist die Frau« eine absolut unumstößliche Wahrheit darstellt, während die von manchen vertretene Formulierung »Die Frau ist Frau« eine gefährliche akzidentialistische Degeneration (mit Anklängen eines skeptischen Relativismus) bedeutet. Es gab da tatsächlich den Fall des treuen Schülers Guru Guru, der, nachdem er die Sätze »Geschäft ist Geschäft« und »Geld ist Geld« verfochten hatte, mit der Gemeinschaftskasse durchgebrannt war.

Brachamutanda hatte den Schicksalsschlag mit stoischer Ruhe hingenommen. Er versammelte die Schüler um den leeren Tisch und stellte fest: »Wer nicht ausbüchst, ist noch da.« Doch hatte dieser Vorfall den Anfang seines Niedergangs signalisiert, denn er hatte sich, so wollen es einige Doxographen, bei der Nachricht, daß der Untreue von der Grenzpolizei festgenommen worden sei, ein »Wer es macht, der wird schon sehen« entschlüpfen lassen, das doch ganz offenbar den Grundprinzipien seiner Logik widersprach.

Dieser (in der Literatur als die Wende oder die Bracha-

56

mutandakehre bezeichnete) Vorfall mußte zwangsläufig, vermittels dialektischer Umkehrung, zum Entstehen der heterologischen Schule führen, die von dem 1881 in Bergthal geborenen Professor Janein Schwarzenweiß begründet wurde, der die beiden heterologischen Summen *Je est un autre* und *Die vergangene Zukunft* schrieb. Schwarzenweiß behauptete, wie die Leser schon erraten haben werden, das Sein sei das Nichts, das Werden bleibe stehen, der Geist sei Stoff und der Stoff Geist, das Bewußtsein sei unbewußt und die Bewegung unbeweglich – bis hin zum sogenannten Obersten Prinzip: »Die Philosophie endet mit den Vorsokratikern.« Natürlich gab es in dieser Schule auch ökonomistische Abweichungen (»Wer mehr ausgibt, gibt weniger aus«) und – nicht zu vergessen – eine heteropragmatische Tochter-Schule (»Scheiden ist ein bißchen wie sterben, Wer schweigt, stimmt zu, Das Bessere ist der Feind des Guten«: in der, wie Schwarzenweiß bemerkte, Brachamutandas dräuender Schatten unübersehbar ist).

Die heterologische Schule beschuldigte die Tautologisten, nur künstlerisch unbedeutende Werke wie *Tora Tora, New York New York, No no Nanette* und *Que sera sera* inspiriert zu haben. Die Heterologisten rühmten sich ihres angeblichen Einflusses auf Meisterwerke wie *Krieg und Frieden, Schwarz und Rot, Haben und Nichthaben, Rich man poor man.* Worauf Brachamutandas Schüler entgegneten, daß diese Werke nicht heterologisch seien, weil sie nicht auf dem Gegensatz, sondern auf dem logischen Zusammenhang beruhten, und sie stellten fest, daß die Heterologisten auf diese Weise auch Rechte auf den Whisky Black and White hätten anmelden können.

Als die Heterologen in der Zeitschrift *Alphazeta* versuchten, Hand an »Sein oder Nichtsein« zu legen, höhnten die Tautologisten (durchaus nicht ohne Grund), daß Hamlets Monolog vielmehr Brachamutandas Prinzip »Entweder ist das Sein das Sein, oder das Nichtsein ist das Nichtsein« zugrunde liege. »Teurer Hamlet, entweder das eine oder das andere«, hatte sarkastisch der Tautologe Rosso Rossi-Rossi kommentiert und mit einem der luzidesten Aphorismen des Meisters geschlossen: »Was zuviel ist, ist zuviel.«

Doch verloren die beiden Schulen bei diesem scholastischen Gezänk ihren jugendlichen Elan und erlagen schließlich dem, was man dann das Schlaksige Denken nannte: Ausgehend von der scheinbar dunklen Aussage »Der Teufel macht die Töpfe und folglich die blinden Kätzchen« begründeten die Anhänger der neuen Richtung deren Legitimität mit den bekannten Paradoxa der materialen Implikation, denen zufolge die Aussage »Wenn ich meine Katze bin, dann ist meine Katze nicht ich« ein wahrer Satz in allen möglichen Welten ist.

II
GEBRAUCHSANWEISUNGEN

Vorbemerkung

Die hier versammelten Texte sind in den achtziger Jahren zu verschiedenen Anlässen für den *Espresso* geschrieben worden, größtenteils für die 1986 dort begonnene Rubrik »La Bustina di Minerva« (von diesen sind einige auch als »Streichholzbriefe« in der *Zeit* erschienen). Die chronologische Reihenfolge ist beibehalten worden, um einiges Zeitgebundene verständlich und verzeihlich zu machen.

»Wie man Indianer spielt« war bisher unveröffentlicht. Ich hatte es zu Erziehungszwecken für meine Kinder geschrieben, als sie noch klein waren. Das erklärt, weshalb darin Dinge stehen, die jeder Erwachsene weiß.

Wie man Indianer spielt

Da die Zukunft der indianischen Nation nun anscheinend besiegelt ist, bleibt dem nach gesellschaftlichem Aufstieg strebenden jungen Indianer als einzige Möglichkeit nur noch der Auftritt in einem Westernfilm. Zu diesem Zweck werden hier einige essentielle Anweisungen gegeben, die dem jungen Indianer erlauben sollen, sich im Zuge seiner diversen Friedens- und Kriegsaktivitäten als »Indianer für Western« zu qualifizieren, um derart das Problem der chronischen Unterbeschäftigung seiner Kategorie zu lösen.

Vor dem Angriff

1. Nie sofort angreifen: Sich von weitem einige Tage vorher durch gut sichtbare Rauchzeichen bemerkbar machen, damit die Postkutsche oder das Fort genug Zeit haben, die Siebente Leichte Kavallerie anzufordern.

2. Sich möglichst in kleinen Gruppen auf den umliegenden Höhen zeigen. Die Wachen auf sehr ausgesetzten Spitzen postieren.

3. Bei allen Bewegungen deutliche Spuren hinterlassen: Hufabdrücke von Pferden, erloschene Lagerfeuer, Federn und Amulette, an denen der Stamm zu erkennen ist.

Angriff auf die Kutsche

4. Beim Angriff immer hinter oder höchstens neben der Kutsche reiten, um ein gutes Ziel zu bieten.

5. Die Mustangs, die notorisch schneller als Zugpferde sind, so zügeln, daß sie die Kutsche nicht überholen.

6. Immer nur einzeln versuchen, die Kutsche anzuhal-

ten, indem man sich zwischen die Pferde wirft, so daß man vom Kutscher getroffen und von der Kutsche überrollt werden kann.

7. Sich niemals in großer Zahl der Kutsche in den Weg stellen: Sie würde sofort stehenbleiben.

Angriff auf entlegene Farm oder Wagenburg

8. Nie bei Nacht angreifen, wenn die Siedler nicht darauf gefaßt sind. Den Grundsatz beachten, daß Indianer stets nur bei Tage angreifen.

9. Immer wieder wie ein Coyote heulen, um die eigene Position anzugeben.

10. Heult ein Weißer wie ein Coyote, sofort den Kopf heben, um ein gutes Ziel abzugeben.

11. Im Kreis reitend angreifen, ohne je den Kreis zu verengen, so daß man einzeln abgeschossen werden kann.

12. Nie mit allen Kämpfern gleichzeitig angreifen, die Gefallenen einzeln, so wie sie fallen, ersetzen.

13. Dafür sorgen, daß sich der Fuß trotz fehlender Steigbügel irgendwie im Zaumzeug verfängt, damit man, wenn man getroffen wird, noch lange hinter dem Pferd hergeschleift wird.

14. Gewehre benutzen, die einem von betrügerischen Händlern verkauft worden sind und deren Funktionsweise man nicht kennt. Viel Zeit mit dem Laden verbringen.

15. Das Im-Kreis-Reiten nicht unterbrechen, wenn die Soldaten auftauchen, die Kavallerie erwarten, ohne ihr entgegenzureiten, und beim ersten Zusammenstoß in wilder Flucht auseinanderstieben, so daß individuelle Verfolgungsjagden möglich werden.

16. Im Falle der entlegenen Farm bei Nacht einen einzelnen Mann als Kundschafter hinschicken. Dieser muß sich einem erleuchteten Fenster nähern und so lange auf eine

drinnen befindliche weiße Frau starren, bis sie sein Gesicht am Fenster sieht. Warten, bis die Frau aufschreit und die Männer herausgestürzt kommen, dann zu fliehen versuchen.

Angriff auf das Fort

17. Als erstes bei Nacht die Pferde wegtreiben. Sich ihrer nicht bemächtigen, sondern zulassen, daß sie sich in der Prärie zerstreuen.

18. Falls es im Laufe der Schlacht zu einer Erstürmung mit Leitern kommt, immer nur einzeln die Leiter hinaufsteigen. Oben zuerst die Waffe hervorlugen lassen, dann langsam den Kopf heben und erst auftauchen, wenn die weiße Frau einen Scharfschützen mobilisiert hat. Nie vorwärts in den Hof fallen, sondern immer rückwärts nach außen.

19. Beim Schießen aus der Ferne gut sichtbar auf der Spitze eines Felsens stehen, damit man nach vorne abstürzen und auf den Felsen darunter zerschmettern kann.

20. Steht man plötzlich Auge in Auge einem Weißen gegenüber, erst einmal sorgfältig zielen.

21. In solchem Fall niemals Pistolen benutzen, die den Zweikampf sofort entscheiden würden, sondern immer nur Hieb- und Stichwaffen.

22. Haben die Weißen einen Ausfall versucht, dem getöteten Feind nicht die Waffen abnehmen. Nur die Uhr, die aber ans Ohr halten und auf ihr Ticken horchen, bis der nächste Feind kommt.

23. Im Falle einer Gefangennahme des Feindes ihn nicht sofort töten, sondern ihn an einen Pfahl binden oder in ein Zelt einsperren und warten, bis es Neumond wird und sie kommen, um ihn zu befreien.

24. In jedem Fall bleibt einem die Gewißheit, den feind-

lichen Trompeter töten zu können, sobald die Fanfare der Siebenten Leichten Kavallerie erklingt. Denn in diesem Augenblick steht er unweigerlich auf und antwortet von der höchsten Zinne des Forts.

Andere Fälle

25. Bei einem Angriff auf das Indianerdorf in wilder Panik aus den Zelten hervorstürzen und durcheinanderlaufen auf der Suche nach Waffen, die man vorher an schwer zugänglichen Orten deponiert hat.

26. Den von den Händlern zum Verkauf angebotenen Whisky auf seine Qualität überprüfen: der Anteil an Schwefelsäure muß drei zu eins sein.

27. Wenn ein Zug vorbeifährt, sich vergewissern, daß ein Indianerjäger darinsitzt, neben dem Zug herreiten, das Gewehr schwenken und ein Begrüßungsgeheul ausstoßen.

28. Falls man einem Weißen von oben auf die Schulter springt, das Messer so halten, daß es ihn nicht sofort verletzt, damit es zu einem Zweikampf kommt. Warten, bis der Weiße sich umgedreht hat.

(1975)

Wie man einen
Ausstellungskatalog bevorwortet

Die nachstehenden Bemerkungen taugen zur Anleitung
eines Autors von Ausstellungskatalogvorworten (im folgenden kurz AvoKaVo). Sie taugen, wohlgemerkt, nicht
zur Abfassung einer historisch-kritischen Analyse für eine
Fachzeitschrift, und das aus mehreren und komplexen
Gründen, als deren erster zu nennen wäre, daß kritische
Analysen zumeist von anderen Kritikern rezipiert und be-
urteilt werden und nur selten vom analysierten Künstler
(entweder ist er kein Abonnent der betreffenden Zeitschrift oder bereits seit zweihundert Jahren tot). Das Gegenteil dessen, was in der Regel mit Katalogen zu Ausstel-
lungen zeitgenössischer Kunst geschieht.

Wie wird man ein AvoKaVo? Leider nur allzu leicht. Es
genügt, einen intellektuellen Beruf auszuüben (sehr gefragt sind Atomphysiker und Biologen), ein auf den eigenen Namen eingetragenes Telefon zu besitzen und eine
gewisse Reputation zu haben. Die Reputation bemißt sich
wie folgt: Sie muß an geographischer Reichweite dem Ak-
tionsradius der betreffenden Ausstellung überlegen sein
(also bezirks- oder landesweit für Städtchen mit weniger
als sechzigtausend Einwohnern, bundesweit für Landes-
hauptstädte und weltweit für Hauptstädte souveräner Staaten, ausgenommen Andorra, Liechtenstein, San Marino)
und an Tiefe geringer als die Breite des Bildungshorizontes
der möglichen Bilderkäufer (handelt es sich zum Beispiel
um eine Ausstellung von alpinen Landschaften im Stil
Segantinis, so ist es nicht nötig, ja sogar schädlich, im *New
Yorker* zu schreiben, und es empfiehlt sich eher, Leiter der

örtlichen Volkshochschule zu sein). Natürlich muß man vom interessierten Künstler aufgesucht worden sein, aber das ist kein Problem, denn die Zahl der interessierten Künstler ist größer als die der potentiellen AvoKaVos. Sind diese Bedingungen einmal gegeben, so ist die Wahl zum AvoKaVo auf die Dauer nicht zu vermeiden, unabhängig vom Willen des Kandidaten. *Will* ihn der Künstler, so wird es dem potentiellen AvoKaVo nicht gelingen, sich der Aufgabe zu entziehen, es sei denn, er wählte die Emigration in einen anderen Kontinent. Hat er dann akzeptiert, so muß er sich eine der folgenden AvoKaVo-Motivationen aussuchen:

A) Bestechung (sehr selten, denn wie man sehen wird, gibt es weniger aufwendige Motivationen). B) Sexuelle Gegenleistung. C) Freundschaft, in den beiden Versionen der wirklichen Sympathie oder der Unmöglichkeit, sich zu verweigern. D) Geschenk einer Arbeit des Künstlers (nicht identisch mit der folgenden Motivation, also mit der Bewunderung für den Künstler, denn man kann ja auch wünschen, Bilder geschenkt zu bekommen, um sich mit ihnen einen verkäuflichen Stock anzulegen). E) Echte Bewunderung für die Arbeit des Künstlers. F) Wunsch, den eigenen Namen mit dem des Künstlers zu assoziieren (eine fabelhafte Investition für junge Intellektuelle, denn der Künstler wird sich beeilen, ihre Namen in zahllosen Bibliographien künftiger Kataloge im In- und Ausland bekannt zu machen). G) Teilhaberschaft ideologischer oder ästhetischer oder auch kommerzieller Art an der Entwicklung einer Tendenz oder einer Kunstgalerie. Letzteres ist der heikelste Punkt, dem sich auch der ehern uneigennützigste AvoKaVo nicht zu entziehen vermag. Ein Literatur- oder Film- oder Theaterkritiker, der ein besprochenes Werk in den Himmel lobt oder in Grund und Boden verreißt, beeinflußt dessen weiteres Schicksal recht wenig: Der Literaturkritiker steigert mit einer guten Besprechung den Absatz eines Romans um ein paar hundert Exemplare; der Filmkritiker kann eine billige Pornokomödie zerpflücken, ohne dadurch zu verhindern, daß sie Unsummen einspielt, ebenso auch der Theaterkritiker. Der AvoKaVo hingegen erhöht durch seine Intervention die Notierungen sämtlicher Werke des Künstlers beträchtlich, manchmal in Sprüngen von eins auf zehn.

Dies kennzeichnet auch die Lage des AvoKaVo als Kritiker: Der Literaturkritiker kann sich abfällig über einen Autor äußern, den er womöglich gar nicht kennt und der (in der Regel) die Publikation des Artikels in einer gegebenen Zeitung nicht zu kontrollieren vermag. Der Künstler hingegen bestellt und kontrolliert den Ausstellungskatalog. Selbst wenn er den AvoKaVo ermuntert: »Seien Sie ruhig streng«, ist die Lage de facto unhaltbar: Entweder man lehnt ab (doch wir haben gesehen, daß man nicht kann), oder man äußert sich mindestens freundlich. Oder verschwommen.

Darum ist in dem Maße, wie der AvoKaVo seine Würde zu wahren und seine Freundschaft mit dem betreffenden Künstler zu retten trachtet, Verschwommenheit der tragende Grundzug aller Ausstellungskatalogvorworte.

Nehmen wir einen imaginären Fall: den des Malers Prosciuttini, der seit dreißig Jahren ockerfarbene Flächen malt, darauf ein blaues gleichschenkliges Dreieck, dessen Basis parallel zum unteren Rand des Bildes verläuft und dem sich ein rotes ungleichseitiges Dreieck, schräg nach unten rechts geneigt, transparent überlagert. Der AvoKaVo muß nun der Tatsache Rechnung tragen, daß Prosciuttini sein Bild, entsprechend dem jeweils herrschenden Zeitgeist, von 1950 bis 1980 nacheinander folgendermaßen betitelt hat: »*Composition*«, »*Zwei plus Unendlich*«, »*E = Mc²*«, »*Allende, Allende, il Cile non si arrende!*«, »*Le Nom du Père*«, »*A/traverso*«, »*Privato*«. Wie kann sich der Avo-KaVo angesichts dieser Lage ehrenvoll aus der Affäre ziehen? Leicht, wenn er ein Dichter ist: Er widmet dem Künstler ein kleines Gedicht. Zum Beispiel:

> Pfeilgleich
> (O grausamer Zenon!)
> schnellt
> ein andres Geschoß.
> Abgezirkelte Parasange
> eines maladen Kosmos
> krankend an farbigen
> Schwarzen Löchern.

Eine blendende Lösung, prestigefördernd für den Avo-KaVo wie für den Künstler, für den Galeristen wie für den künftigen Käufer.

Die zweite Lösung ist ausschließlich den Erzählern vorbehalten und kann zum Beispiel die Form eines frei ausgreifenden offenen Briefes annehmen:

»Lieber Prosciuttini, beim Anblick Deiner Dreiecke ist mir, als wäre ich unversehens in Uqbar, wie bezeugt von Jorge Luis ... Ein Pierre Menard, der mir Gebilde, neugeschaffen in anderen Zeiten, vorsetzt: Don Pythagoras de la Mancha. Laszivitäten, um hundertachtzig Grad gedreht – wird es uns jemals gelingen, uns von der Notwendigkeit zu befreien? Es war ein Junimorgen im sonnendurchglühten Hügelland, am Telegrafenmast aufgehängt ein Partisan. Jung, wie ich war, bekam ich Zweifel am Wesen der Norm...« etc.

Leichter ist die Aufgabe für einen in den exakten Wissenschaften geschulten AvoKaVo. Er kann von der Überzeugung ausgehen (die ja im übrigen zutreffend ist), daß auch gemalte Bilder Elemente der Realität sind. Er braucht also nur von sehr profunden Aspekten der Realität zu sprechen. Zum Beispiel so:

»Prosciuttinis Dreiecke sind Diagramme. Propositionale Funktionen konkreter Topologien. Knoten. Wie gelangt man von einem gegebenen Knoten U zu einem anderen Knoten V? Es bedarf dazu, wie bekannt, einer Bewertungsfunktion F. Erscheint F(U) kleiner als oder gleich F(V), so muß man für jeden anderen Knoten V, den man ins Auge faßt, U in dem Sinne ent-wickeln, daß von U abstammende Knoten entstehen. Eine perfekte Bewertungsfunktion erfüllt demnach die Bedingung: $F(U) </= F(V)$, so daß sich ergibt: wenn $d(U-Q)$, dann kleiner als oder gleich $d(V-Q)$, wobei $d(A-B)$ evidenterweise die Distanz zwischen A und B im Diagramm bezeichnet. Kunst ist Mathematik. Dies ist die Botschaft von Prosciuttini.«

Es mag auf den ersten Blick so scheinen, als seien Lösungen dieser Art vielleicht ganz brauchbar für ein abstraktes Gemälde, nicht aber für einen Morandi oder einen Guttuso. Irrtum. Natürlich hängt es von der Geschicklichkeit des Mannes der Wissenschaft ab. Zur allgemeinen Orientierung wollen wir sagen: Man kann heutzutage zeigen, wenn man René Thoms Katastrophentheorie mit der nötigen Unbefangenheit zu nutzen weiß, daß in den Stilleben von Morandi die Flaschen auf jener äußersten Schwelle des Gleichgewichts dargestellt sind, hinter welcher sich ihre natürlichen Formen jählings außer und gegen sich selbst verkehren würden und klirrend zerbrächen wie ein vom Knall eines Ultraschalljägers prall getroffenes Kristall. Und die Magie des Malers liegt genau in der treffenden Darstellung dieser Grenzsituation. Spiel mit der englischen Übersetzung von Stilleben: *still life* = noch Leben, aber bis wann? – *Still-Until*: magische Differenz zwischen Noch-Sein und Sein-Danach ...

Eine andere Möglichkeit bestand zwischen 1968 und, sagen wir, 1972: die politische Interpretation. Bemerkungen über den Klassenkampf, über die Korruption der von ihrer Vermarktung befleckten Objekte. Kunst als Revolte gegen die Warenwelt, Prosciuttinis Dreiecke nun als Formen, die sich weigern, bloßer Tauschwert zu sein, offen für den Erfindungsreichtum der vom Raubkapitalismus ausgebeuteten Arbeiterklasse. Rückkehr zu einem Goldenen Zeitalter oder Ankündigung einer Utopie, Traum einer Sache ...

Freilich gilt alles bisher Gesagte nur für den AvoKaVo, der kein professioneller Kunstkritiker ist. Die Lage des professionellen Kunstkritikers ist sozusagen noch kritischer: Er muß zwar über das Werk sprechen, aber ohne sich über dessen Wert zu äußern. Die bequemste Lösung besteht im Aufzeigen, daß der Künstler in Eintracht mit der herrschenden Weltanschauung gearbeitet hat beziehungsweise, wie man heute gern sagt, mit dem Zeitgeist oder der unterschwellig bestimmenden Metaphysik. Jede unterschwellig bestimmende Metaphysik steht für einen Modus des Seienden, also dessen, was *ist*. Ein Gemälde gehört zweifellos zu den Dingen, die *sind*, und stellt unter anderem, so infam dies sein mag, das Seiende dar (auch ein abstraktes Gemälde stellt dar, was sein könnte beziehungsweise was im Universum der reinen Formen *ist*). Wenn die unterschwellig bestimmende Metaphysik zum Beispiel behauptet, alles Seiende sei nichts anderes als Energie, so ist die Aussage, daß Prosciuttinis Werke Energie seien und Energie darstellten, jedenfalls keine Lüge; allenfalls eine Binsenwahrheit, doch eine Binse, die den Kritiker rettet und die sowohl Prosciuttini als auch den Galeristen und den künftigen Käufer beglückt.

Das Problem besteht darin, diejenige unterschwellig bestimmende Metaphysik auszumachen, von welcher dank ihrer Beliebtheit in einer gegebenen Phase alle schon einmal gehört haben. Sicher könnte man etwa mit Berkeley sagen: »*Esse est percipi*«, um daraus abzuleiten, daß Prosciuttinis Werke *sind*, weil sie *wahrgenommen* werden. Doch da die fragliche Metaphysik derzeit selbst unterschwellig nicht allzu bestimmend ist, würden sich Prosciuttini und die Leser womöglich des krassen Binsencharakters der Aussage innewerden.

Hätten die Dreiecke Prosciuttinis in den späten fünfziger Jahren vorgestellt werden müssen, so wäre es folglich, unter Anspielung auf die sich überschneidenden unterschwelligen Strömungen Banfi-Paci und Sartre-Merleau-Ponty (im Schnittpunkt die Schule Husserls), passend gewesen, die fraglichen Dreiecke etwa zu definieren als »Darstellung des ureigentlichen Aktes der Intendierung, welcher, indem er eidetische Zonen konstituiert, noch aus den reinen Formen der Geometrie eine Lebenswelt macht«. Erlaubt gewesen wären damals auch Variationen in Termini der Gestaltpsychologie: Die Aussage, Prosciuttinis Dreiecke hätten eine »gestalthafte Prägung«, wäre unwiderlegbar gewesen, da jedes Dreieck, wenn es als Dreieck erkennbar ist, eine gestalthafte Prägung hat. In den sechziger Jahren wäre Prosciuttini zeitgemäßer erschienen, wenn man in seinen Dreiecken eine *Struktur* in Homologie zum Pattern der Lévi-Strauss'schen Verwandtschaftsstrukturen gesehen hätte. Unter Anspielung auf das Verhältnis von Strukturalismus und '68 konnte man sagen, daß gemäß der Widerspruchstheorie von Mao, die den Hegelschen Dreischritt nach den binären Prinzipien des Yin und Yang ver-

mittelt, die beiden Prosciuttinischen Dreiecke das Verhältnis von Grund- und Nebenwiderspruch evidenzierten.
Und es glaube hier keiner, das strukturalistische Muster
ließe sich nicht auch auf die Flaschen Morandis anwenden:
tiefe Flasche (*deep bottle*) versus superfizielle Flasche ...

Freier sind die Optionen des Kritikers seit den siebziger
Jahren. Das blaue Dreieck, das vom roten Dreieck durch-
quert wird, ist natürlich die Epiphanie des Wunsches
(*Désir*), der nach einem Anderen (*Autre*) strebt, ohne sich
je mit ihm identifizieren zu können. Prosciuttini ist der
Maler der Differenz, genauer: der Differenz in der Identität. Zwar findet sich die Differenz-in-der-Identität auch
im Verhältnis Kopf-Zahl auf jeder gewöhnlichen Münze,
aber die Dreiecke Prosciuttinis bieten sich auch dazu an, in
ihnen einen Fall von *Implosion* zu erkennen – wie übrigens
auch die Bilder von Pollock und die Einführung von Sup-
positorien auf analem Wege (Schwarze Löcher). In Prosciuttinis Dreiecken steckt darüber hinaus die wechselsei-
tige Annullierung von Tausch- und Gebrauchswert. Und
mit einem subtilen Verweis auf die Differenz im Lächeln
der Mona Lisa, das von der Seite gesehen als eine Vulva erkennbar wird (und in jedem Falle *béance*, also sprachloses
Baffsein ist), könnten die Dreiecke Prosciuttinis schließlich, in ihrer gegenseitigen Annihilierung und »katastro-
phischen« Rotation, als eine Implosivität des Phallus erscheinen: eines Phallus, der sich implodierend zur *vagina
dentata* macht. Der Phallus des Phallus.

Kurzum und schlußendlich, die Goldene Regel für den
AvoKaVo besteht darin, das fragliche Werk immer so zu
beschreiben, daß die Beschreibung sich, außer auf andere
Bilder, auch auf die Erfahrung anwenden läßt, die man
beim Betrachten der Auslagen einer Wurstwarenhandlung
macht. Wenn also der AvoKaVo schreibt: »Bei den Bildern

72

von Prosciuttini ist die Wahrnehmung der Formen niemals träge Anpassung an die Gegebenheit des Gefühls. Prosciuttini sagt uns, daß es keine Wahrnehmung gibt, die nicht Interpretation und Arbeit wäre, und daß der Übergang vom Gefühlten zum Wahrgenommenen Aktivität ist, Handeln, Praxis, In-der-Welt-Sein als tätiges Konstruieren von Abschattungen, intentional ausgestanzt aus dem Markt des Dinges an sich«, so erkennt der Leser die Wahrheit des Künstlers, weil sie den Mechanismen entspricht, mit deren Hilfe er beim Wurstwarenhändler eine Mortadella von einem Avokadosalat zu unterscheiden vermag.

Was außer einem Machbarkeits- und Effizienzkriterium auch ein Moralkriterium etabliert: Man braucht nur die Wahrheit zu sagen. Natürlich kann man das so oder so tun.

(1980)

Anhang

Den folgenden Text habe ich tatsächlich zur Präsentation des malerischen Werks von Antonio Fomez nach den Regeln der postmodernen Zitierwut geschrieben (vgl. Antonio Fomez, Da Ruopolo a me, *Studio Annunciata, Mailand 1982).*

Um dem Leser (zum Begriff des »Lesers« vgl. D. Coste, »Three concepts of the reader and their contribution to a theory of literary texts«, *Orbis literarum* 34, 1980; W. Iser, *Der Akt des Lesens*, München 1972; *Der implizite Leser*, München 1976; U. Eco, *Lector in fabula*, Mailand 1979 [dt. München 1987]; G. Prince, »Introduction à l'étude du narrataire«, *Poétique* 14, 1973; M. Nojgaard, »Le lecteur et la critique«, *Degrés* 21, 1980) einige neue Intuitionen zu vermitteln (vgl. B. Croce, *Estetica come scienza dell'espressione e linguistica generale*, Bari 1902; H. Bergson. *Œuvres*, Edition du Centenaire, Paris 1963; E. Husserl, *Ideen zu einer Phänomenologie und phänomenologischen Philosophie*, Den Haag 1950) über die Malerei (zum Begriff »Malerei« vgl. Cennino Cennini, *Trattato della pittura*; Bellori, *Vite d'artisti*; Vasari, *Le vite*; P. Barocchi [Hrsg.], *Trattati d'arte del Cinquecento*, Bari 1960; Lomazzo, *Trattato dell' arte della pittura*; Alberti, *Della pittura*; Armenini, *De' veri precetti della pittura*; Baldinucci, *Vocabolario toscano dell' arte del disegno*; S. van Hoogstraaten, *Inleyding tot de Hooge Schoole der Schilderkonst*, 1678, VIII, 1, S. 279ff.; L. Dolce, *Dialogo della pittura*; Zuccari, *Idea de' pittori*) von Antonio Fomez (zu einer allgemeinen Bibliographie vgl. G. Pedicini, *Fomez*, Mailand 1980, besonders S. 60–90), müßte ich eine Analyse (vgl. H. Putnam, »The analytic and the synthetic« in *Mind, Language and Reality* 2, London/Cambridge 1975; M. White [Hrsg.], *The Age of Analysis*, New York 1955) in Gestalt (vgl. W. Köhler, *Gestalt Psychology*, New York 1947; P. Guillaume, *La psychologie de la forme*, Paris 1937) vollkommener Unschuld und Unvoreingenommenheit bewerkstelligen (vgl Piaget, *La représentation du monde chez l'enfant*, Paris 1955: G. Kanizsa, *Grammatica del vedere*, Bologna 1981). Das aber ist ein Ding (zum Ding an sich vgl. Kant, *Kritik der reinen Vernunft*, 1781–1787) der Unmöglichkeit in dieser Welt (vgl. Aristoteles, *Metaphysik*) der Postmoderne (vgl. vgl. ((vgl. (((vgl. vgl.)))))). Darum sage ich hier nichts (vgl. Sartre, *L'être et le néant*, Paris 1943), und mir bleibt nur zu schweigen (vgl. Wittgenstein, *Tractatus*, 7). Entschuldigen Sie, vielleicht ein anderes (zum Begriff des »anderen« vgl. J. Lacan, *Ecrits*, Paris 1966) Mal (vgl. E. Viollet-le-Duc, *Opera omnia*).

Wie man eine öffentliche Bibliothek organisiert

1. Die Kataloge müssen so weit wie möglich aufgeteilt sein; es muß sehr viel Sorgfalt darauf verwandt werden, den Katalog der Bücher von dem der Zeitschriften zu trennen und den der Zeitschriften vom Schlagwort- oder Sachkatalog, desgleichen den Katalog der neuerworbenen Bücher von dem der älteren Bestände. Nach Möglichkeit sollte die Orthographie in den beiden Bücherkatalogen (Neuerwerbungen und alter Bestand) verschieden sein: beispielsweise Begriffe wie »Code« in dem einen mit C, in dem anderen mit K, oder Namen wie Tschaikowski bei Neuerwerbungen mit einem Č, bei den anderen mal mit Ch, mal mit Tch.

2. Die Schlagworte müssen vom Bibliothekar bestimmt werden. Die Bücher dürfen im Kolophon keinen Hinweis auf die Schlagworte tragen, unter denen sie aufgeführt werden sollen.

3. Die Signaturen müssen so beschaffen sein, daß man sie nicht korrekt abschreiben kann, nach Möglichkeit so viele Ziffern und Buchstaben, daß man beim Ausfüllen des Bestellzettels nie genug Platz für die letzte Chiffre hat und sie für irrelevant hält, so daß dann der Schalterbeamte den Zettel als unvollständig ausgefüllt zurückgeben kann.

4. Die Zeit zwischen Bestellung und Aushändigung eines Buches muß sehr lang sein.

5. Es darf immer nur ein Buch auf einmal ausgehändigt werden.

6. Die ausgehändigten Bücher dürfen, da mit Leihschein bestellt, nicht in den Lesesaal mitgenommen werden, so daß der Benutzer sein Leben in zwei Teile aufspalten muß, einen

für die Lektüre zu Hause und einen für die Konsultation im Lesesaal. Die Bibliothek muß das kreuzweise Lesen mehrerer Bücher erschweren, da es zum Schielen führt.

7. Es sollte möglichst überhaupt keine Fotokopierer geben; falls doch einer da ist, muß der Weg weit und der Zugang beschwerlich sein, der Preis für eine Kopie muß höher sein als im nächsten Papiergeschäft und die Zahl der Kopien begrenzt auf höchstens zwei bis drei Seiten.

8. Der Bibliothekar muß den Leser als einen Feind betrachten, als Nichtstuer (andernfalls säße er an der Arbeit) und als potentiellen Dieb.

9. Die Auskunft muß unerreichbar sein.

10. Das Ausleihverfahren muß abschreckend sein.

11. Die Fernleihe sollte unmöglich sein oder jedenfalls Monate dauern; am besten, man sorgt dafür, daß der Benutzer gar nicht erst erfahren kann, was es in anderen Bibliotheken gibt.

12. Infolge all dessen muß Diebstahl möglichst leichtgemacht werden.

13. Die Öffnungszeiten müssen genau mit den Arbeitszeiten zusammenfallen, also vorsorglich mit den Gewerkschaften abgestimmt werden: totale Schließung an allen Samstagen, Sonntagen, abends und während der Mittagspausen. Der größte Feind jeder Bibliothek ist der Werkstudent, ihr bester Freund einer wie Don Ferrante*, der seine eigene Bibliothek besitzt, also keine öffentliche aufsuchen muß und dieser die seine bei seinem Ableben hinterläßt.

14. Es muß unmöglich sein, sich innerhalb der Bibliothek irgendwie leiblich zu stärken, und es muß auch unmöglich sein, sich außerhalb der Bibliothek leiblich zu stärken, ohne zuvor alle ausgeliehenen Bücher zurückgegeben zu haben, um sie dann nach der Kaffeepause erneut zu bestellen.

15. Es muß unmöglich sein, das einmal ausgeliehene Buch am nächsten Tag wiederzufinden.

16. Es muß unmöglich sein zu erfahren, wer das fehlende Buch ausgeliehen hat.

17. Es darf möglichst keine Toiletten geben.

18. Ideal wäre es schließlich, wenn der Benutzer die Bibliothek gar nicht erst betreten könnte; betritt er sie aber doch, stur und pedantisch auf einem Recht beharrend, das ihm aufgrund der Prinzipien von 1789 zugestanden worden ist, aber noch nicht Eingang ins kollektive Bewußtsein gefunden hat, so darf er auf keinen Fall, nie und nimmer, außer bei seinen kurzen Besuchen im Lesesaal, Zugang zu den Bücherregalen selbst haben.

Zusatzbemerkung: Das ganze Personal muß an irgendwelchen körperlichen Gebrechen leiden, denn es ist Aufgabe jeder öffentlichen Institution, den behinderten Mitbürgern Arbeitsmöglichkeiten zu bieten (untersucht wird zur Zeit die Ausweitung dieses Prinzips auf die Feuerwehr). Der ideale Bibliothekar muß vor allem hinken, damit mehr Zeit vergeht zwischen der Entgegennahme des Leihscheins, dem Gang ins Lager und der Rückkehr. Bei dem Personal, das auf Sprossenleitern zu Regalen von über acht Metern Höhe hinaufsteigen muß, empfiehlt sich aus Sicherheitsgründen, daß der fehlende Arm durch eine Prothese mit Greifklaue ersetzt wird. Angestellte, denen beide obere Gliedmaßen fehlen, werden den gewünschten Band mit den Zähnen herausziehen und aushändigen (was tendenziell dazu führt, daß keine Bände mehr ausgehändigt werden, deren Größe das Oktavformat übersteigt).

(1981)

Wie man intelligente Ferien macht

Es ist guter Brauch, daß beim Herannahen der Sommerferien die politischen und kulturellen Wochenzeitschriften ihren Lesern wenigstens zehn intelligente Bücher empfehlen, mit denen sie auf intelligente Weise intelligente Ferien machen können. Leider überwiegt jedoch die schlechte Gewohnheit, die Leser als unterentwickelte Wesen zu betrachten, und so sehen wir auch berühmte Schriftsteller sich nicht entblöden, ihnen Lektüren vorzuschlagen, die jeder durchschnittliche Gebildete spätestens als Pennäler absolviert haben müßte. Es mutet uns in der Tat beleidigend oder zumindest sehr paternalistisch an, den Lesern Werke wie, was weiß ich, das englische Original des *Tristram Shandy*, den Proust der Pléiade oder die lateinischen Schriften Petrarcas zu empfehlen. Bedenken wir, daß die Leser, nachdem sie so lange mit derlei Ratschlägen eingedeckt worden sind, immer anspruchsvoller werden, und vergessen wir auch nicht jene, die sich keine teuren Ferien leisten können, aber sich gerne auf Erfahrungen ebenso unbequemer wie erregender Art einlassen wollen.

Wer lange Stunden am Strand zu verbringen gedenkt, sollte sich die *Ars magna lucis et umbrae* von Pater Athanasius Kircher vornehmen, eine faszinierende Lektüre für den, der unter den Ultraviolettstrahlen über die Wunder des Lichts und der Spiegel nachdenken will. Die römische Ausgabe von 1645 ist noch in Antiquariaten erhältlich für Summen weit unter denen, die seinerzeit der Bankier Calvi in die Schweiz ausgeführt hat.* Ich rate davon ab, sich das Buch in einer Bibliothek auszuleihen, denn es findet sich nur in altersgrauen Gebäuden mit Angestellten, denen gewöhnlich der rechte Arm oder das linke Auge fehlt und die leicht stürzen, wenn sie die Leitern hinaufsteigen, die zu den Sektionen der seltenen Bücher führen. Eine weitere Mißlichkeit ist auch das Gewicht des Buches und die Brüchigkeit des Papiers: nicht zu lesen, wenn der Wind die Sonnenschirme zaust.

Ein junger Mensch hingegen, der sich auf Pauschalpreis-Reisen durch Europa begibt, in der zweiten Klasse, so daß er in jenen Zügen lesen muß, in denen die Korridore total überfüllt sind und man eingezwängt stehen muß, einen Arm aus dem Fenster gehängt, könnte sich mindestens drei Bände der sechsbändigen Einaudi-Ausgabe der *Navigationi et viaggi* des humanistischen Geographen Gian Battista Ramusio mitnehmen, die sich gut lesen lassen, wenn man einen Band in der Hand hält, den zweiten unter den Arm geklemmt und den dritten zwischen die Schenkel. Auf Reisen über Reisen zu lesen ist eine außerordentlich intensive und stimulierende Erfahrung.

Jugendlichen, die von der politischen Arbeit Urlaub machen (oder von ihr enttäuscht sind), aber gleichwohl die Probleme der dritten Welt nicht aus den Augen verlieren wollen, würde ich zu ein paar kleinen Meisterwerken der islamischen Philosophie raten. Bei Adelphi ist kürzlich das *Buch der Ratschläge* von Kay Ka'us ibn Iskandar erschienen, leider ohne das persische Original auf der linken Seite, so daß natürlich der ganze Reiz verlorengeht. Ich würde statt dessen das entzückende *Kitab al-s'ada wa'l is'ad* von Abul'l-Hasan Al'Amiri empfehlen, von dem es in Teheran eine kritische Ausgabe aus dem Jahre 1957 gibt.

Da nicht alle fließend die nahöstlichen Sprachen lesen: wer im Auto unterwegs ist und keine Platzprobleme hat, ist immer bestens mit der Gesamtausgabe der *Patrologie* von Migne bedient. Ich würde davon abraten, die griechischen

Kirchenväter bis zum Konzil in Florenz 1440 zu wählen, da man dann 161 Bände der griechisch-lateinischen Ausgabe plus 81 der lateinischen mitnehmen müßte, während man sich bei den lateinischen Kirchenvätern bis 1216 auf 218 Bände beschränken kann. Ich weiß nur zu gut, daß nicht alle im Handel erhältlich sind, aber man kann ja immer noch auf Fotokopien zurückgreifen. Für Leute mit weniger spezialisierten Interessen würde ich einige gute Werke (immer im Original) der kabbalistischen Tradition empfehlen (die heutzutage auch unverzichtbar sind, um die zeitgenössische Lyrik zu verstehen). Es genügt weniges: ein Exemplar des *Sefer Jesirah*, den *Sohar* natürlich, dann Moses Cordovero und Isaak Luria. Das kabbalistische Schrifttum ist besonders geeignet für die Ferien, da sich von den ältesten Werken noch gut erhaltene originale Schriftrollen finden, die man leicht auf den Rucksack schnallen kann, auch beim Trampen. Das kabbalistische Schrifttum läßt sich darüber hinaus auch bestens in den Ferienkolonien des Club Méditerranée verwenden, etwa wenn die Animateure zwei Gruppen bilden, die miteinander wetteifern sollen, wer den sympathischsten Golem kreiert. Für diejenigen, die Schwierigkeiten mit dem Hebräischen haben, bleiben schließlich immer noch das *Corpus Hermeticum* und die gnostischen Schriften (ich empfehle Valentinus, Basilides ist nicht selten weitschweifig und irritierend).

All dies (und anderes), wenn Sie intelligente Ferien machen wollen. Wenn nicht, reden wir nicht mehr davon, nehmen Sie sich die *Grundrisse* mit, die apokryphen Evangelien und die unveröffentlichten Schriften von Peirce auf Mikrofiches. Schließlich sind kulturelle Wochenzeitschriften keine Mitteilungsblätter für den Grundschulunterricht.

(1981)

Wie man einen verlorenen
Führerschein ersetzt

Im Mai 1981, auf Durchreise in Amsterdam, verliere ich
(oder wird mir in der Trambahn gestohlen – denn Taschen-
diebe gibt es sogar in Holland) eine Brieftasche, die nur wenig Geld, aber diverse Ausweispapiere und Mitgliedskar-
ten enthielt. Ich merke es erst im Moment der Abreise, am
Flughafen, und entdecke sofort, daß meine Kreditkarte
fehlt. Dreißig Minuten vor dem Abflug mache ich mich auf
die Suche nach einem Ort, wo ich den Verlust anzeigen
kann, nach fünf Minuten werde ich von einem Beamten der
Flughafenpolizei empfangen, der ein gutes Englisch spricht
und mir erklärt, daß die Sache nicht in seine Zuständigkeit
falle, da mir die Brieftasche in der Stadt abhanden gekommen sei; dennoch ist er bereit, eine Anzeige aufzunehmen,
versichert mir, daß er um neun, wenn die Schalter öffnen,
persönlich beim American Express anrufen werde, und
klärt den niederländischen Teil meines Falles in zehn Minuten. Zurück in Mailand, rufe ich beim American Express
an, die Nummer meiner Kreditkarte wird in die ganze Welt
signalisiert, und tags darauf habe ich die neue Karte. Wie
schön ist das Leben in der Zivilisation, sage ich mir.

Dann mache ich eine Aufstellung meiner anderen verlo-
renen Papiere und erstatte Anzeige beim Präsidium: zehn
Minuten. Wie schön, sage ich mir, wir haben eine Polizei
wie die niederländische. Unter den Ausweisen war eine
Mitgliedskarte des Journalistenverbandes, und nach drei
Tagen erhalte ich glücklich ein Duplikat. Wie schön.

Leider war auch mein Führerschein dabei. Nicht so
schlimm, denke ich mir, das betrifft die allmächtige Auto-

mobilindustrie, uns blüht ein italienischer Ford, wir sind ein Land voller Autobahnen. Ich rufe beim Automobilclub an und höre, daß es genüge, die Nummer des verlorenen Führerscheins anzugeben. Leider hatte ich sie mir, wie ich nun merke, nie irgendwo notiert – es sei denn genau auf dem Führerschein. Ich frage, ob sie nicht unter meinem Namen nachsehen könnten, um die Nummer zu finden. Aber das scheint nicht möglich zu sein.

Ich *muß* Auto fahren, koste es, was es wolle, und so beschließe ich, etwas zu tun, was ich normalerweise nicht tue, nämlich abgekürzte und privilegierte Wege zu gehen. Normalerweise vermeide ich das, denn Freunde oder Bekannte zu belästigen ist mir unangenehm, und ich hasse diejenigen, die dasselbe mit mir tun, außerdem lebe ich schließlich in Mailand, wo es, wenn man eine Bescheinigung von der Kommune braucht, nicht nötig ist, mit dem Bürgermeister zu telefonieren, es geht schneller, wenn man sich brav vor dem Schalter anstellt, wo es relativ zügig vorangeht. Aber nun ja, wie es eben so ist, das Auto macht uns alle ein bißchen nervös, ich rufe also in Rom eine Hohe Persönlichkeit vom Automobilclub an, die mich mit einer Hohen Persönlichkeit vom Automobilclub in Mailand verbindet, die ihrer Sekretärin sagt, sie solle tun, was sie könne. Sie kann leider nur sehr wenig, trotz ihrer Freundlichkeit.

Sie lehrt mich einige Tricks, drängt mich, nach einer alten Avis-Quittung zu suchen, auf der meine Führerscheinnummer steht, hilft mir, die vorgeschalteten Formalitäten in einem Tag zu erledigen, und erklärt mir dann, wo ich hingehen müsse, nämlich in das *Ufficio Patenti*, die Führerscheinabteilung der Präfektur, eine enorme Schalterhalle, gerammelt voll von verzweifelten und überriechenden Menschen, so etwas wie der Hauptbahnhof von Neu-Delhi in Filmen über die Revolte der Cipays, wo die

Wartenden, die sich Horrorgeschichten erzählen (»Ich bin hier seit der Zeit des Libyen-Krieges«), mit Thermosflaschen und Brötchen kampieren und am vorderen Ende der Schlange ankommen, wie es mir passiert, wenn der Schalter gerade schließt.

In jedem Falle, muß ich sagen, ist es nur eine Sache von wenigen Tagen des Schlangestehens, in deren Verlauf man jedesmal, wenn man vorne beim Schalter ankommt, erfährt, daß man noch ein weiteres Formular ausfüllen oder noch eine weitere Stempelmarke kaufen und sich dann wieder hinten anstellen muß. Aber das ist bekanntlich normal. Alles in Ordnung, sagt man mir schließlich, kommen Sie in zwei Wochen wieder. Bis dahin: Taxi.

Zwei Wochen später, nach Übersteigen einiger Antragsteller, die inzwischen zusammengebrochen sind und im Koma liegen, eröffnet man mir am Schalter, daß die Führerscheinnummer, die ich der alten Avis-Quittung entnommen hatte, sei's wegen eines Abschreibefehlers, sei's wegen mangelnder Qualität des Kohlepapiers, sei's wegen fortgeschrittener Zersetzung des bejahrten Dokuments, nicht die richtige sei. Man könne nichts machen, wenn ich die richtige Nummer nicht wisse. »Gut«, sage ich, »sicher können Sie keine Nummer suchen, die ich Ihnen nicht zu nennen weiß, aber Sie können doch unter dem Namen Eco suchen und die Nummer dort finden.« Mitnichten: sei's aus Böswilligkeit, sei's aus Arbeitsüberlastung, sei's daß die Führerscheine nur unter den Nummern archiviert worden sind, jedenfalls ist das nicht möglich. Versuchen Sie's doch mal da, wo Sie den Führerschein ursprünglich gemacht haben, wird mir geraten, also in Alessandria, vor Jahrzehnten. Dort müßte es möglich sein, Ihre Nummer zu finden.

Ich habe keine Zeit, nach Alessandria zu fahren, auch

weil ich ja nicht mit dem Auto hinfahren darf, und so versuche ich es mit der zweiten Abkürzung: Ich telefoniere mit einem alten Schulkameraden, der jetzt eine Hohe Persönlichkeit im dortigen Finanzamt ist, und bitte ihn, mit dem »Inspektorat für Motorisierung«, das heißt dem Straßenverkehrsamt zu telefonieren. Er entschließt sich zu einem nicht minder zwielichtigen Schritt und telefoniert direkt mit einer Hohen Persönlichkeit in besagtem Amt, die ihm erwidert, dergleichen Daten könne man niemandem außer den Carabinieri geben. Ich denke, der Leser wird sich darüber im klaren sein, welche Gefahr in der Tat die Behörden liefen, würden sie meine Führerscheinnummer einfach an Hinz und Kunz weitergeben: Ghaddafi und der KGB warten doch nur darauf. Also top-secret.

Ich gehe meine Vergangenheit durch und finde einen anderen Schulkameraden, der jetzt eine Hohe Persönlichkeit in einer öffentlichen Anstalt ist, aber ich lege ihm nahe, sich möglichst nicht an Hohe Persönlichkeiten im Verkehrsamt zu wenden, da die Sache gefährlich sei und am Ende gar zu einer parlamentarischen Untersuchung führen könne. Lieber solle er, rege ich an, eine niedere Persönlichkeit ausfindig machen, vielleicht einen Nachtwächter, der sich bestechen läßt und bei Nacht die Nase in die Archive steckt. Die Hohe Persönlichkeit in der öffentlichen Anstalt hat das Glück, eine mittlere Persönlichkeit im Verkehrsamt zu finden, die nicht einmal bestochen zu werden braucht, da sie gewohnheitsmäßig den *Espresso* liest und aus Liebe zur Kultur sich entschließt, ihrem bevorzugten Kommentator (also mir) diesen gefährlichen Dienst zu erweisen. Ich weiß nicht, was diese kühne Person unternimmt, Tatsache ist jedoch, daß ich am nächsten Tage die Nummer des Führerscheins habe. Eine Nummer, die der Leser mir erlauben wird, hier nicht zu enthüllen, denn ich habe Familie.

Mit der Nummer (die ich mir jetzt überall notiere und, im Blick auf künftige Diebstähle oder Verluste, in Geheimfächern aufbewahre) überwinde ich weitere Schlangen im Amt für Straßenverkehr zu Mailand und schwenke sie vor den mißtrauischen Augen des Beamten am Schalter. Dieser eröffnet mir mit einem Lächeln, das nichts Menschliches mehr hat, ich müsse auch die Nummer des Vorgangs angeben, mit welchem seinerzeit in den fünfziger Jahren die Behörden in Alessandria meine Führerscheinnummer den Behörden in Mailand mitgeteilt hatten.

Erneute Telefonate mit Schulkameraden, die unselige mittlere Persönlichkeit, die schon so viel riskiert hat, macht sich ein weiteres Mal auf die Socken, begeht ein paar Dutzend Delikte, entwendet eine Information, nach der, wie es scheint, die Carabinieri lechzen, und läßt mich die Nummer des Vorgangs wissen. Eine Nummer, die ich hier gleichfalls nicht offenbare, denn bekanntlich haben die Wände Ohren.

Ich begebe mich wieder ins Mailänder Amt für Straßenverkehr, brauche nur ein paar Tage Schlange zu stehen und bekomme das Versprechen, in zwei Wochen das magische Dokument zu erhalten. Der Juni geht bereits seinem Ende entgegen, da erhalte ich ein Papier, auf dem mir bestätigt wird, daß ich einen Antrag auf Ausstellung eines Führerscheins gestellt habe. Natürlich gibt es kein Formular für verlorengegangene Führerscheine, das Papier ist ein »provisorischer« Führerschein, wie er bei uns für Anfänger ausgestellt wird, die erst noch üben müssen, bevor sie den richtigen Führerschein kriegen. Ich zeige es einem Schutzmann und frage ihn, ob ich damit fahren dürfe. Sein Blick erstarrt, der brave Beamte gibt mir zu verstehen, falls er mich damit am Steuer erwischen sollte, würde ich bereuen, jemals geboren zu sein.

Tatsächlich bereue ich und kehre zum *Ufficio Patenti* zurück, wo ich nach ein paar Tagen erfahre, daß mein Papier sozusagen ein Aperitif war: Ich müsse warten, bis ich ein anderes Papier bekäme, in dem mir bescheinigt würde, daß ich meinen Führerschein verloren hätte und fahren dürfe, bis ich den neuen bekommen würde, da die Behörden inzwischen ermittelt hätten, daß ich den alten besessen hatte. Also genau, was längst alle wissen, von der niederländischen Polizei bis zum Präsidium in Mailand, und was auch die Mailänder Führerscheinausstellungsbehörde weiß, nur will sie es nicht klar sagen, bevor sie erst noch eine Weile darüber nachgedacht hat. Man beachte, daß die Behörde alles, was sie in Erfahrung zu bringen wünschen könnte, schon weiß und daß sie nichts weiter erfahren wird, mag sie auch noch so lange darüber nachdenken. Aber Geduld. Gegen Ende Juni erkundige ich mich wiederholt nach dem Schicksal des Papiers Nummer zwei, aber es scheint, daß seine Erstellung viel Arbeit kostet. Eine Zeitlang bin ich sogar versucht, das zu glauben, da ich so viele Unterlagen und Fotos habe beibringen müssen, anscheinend ist dieses Dokument so etwas wie ein Paß mit zahlreichen fälschungssicheren Seiten.

Ende Juni, nachdem ich inzwischen schwindelerregende Summen für Taxis aufgewandt habe, versuche ich eine erneute Abkürzung. Ich schreibe schließlich für Zeitungen, Himmel noch mal, da müßte mir doch jemand helfen können, und sei's mit der Ausrede, daß ich aus Gründen der Gemeinnützigkeit mobil sein müsse! Mit Hilfe zweier Mailänder Redaktionen (der *Repubblica* und des *Espresso*) gelingt es mir, ins Pressebüro der Präfektur vorzudringen, wo ich eine freundliche Dame finde, die bereit ist, sich um meinen Fall zu kümmern. Die freundliche Dame denkt auch gar nicht daran, etwa bloß zu telefonieren: Couragiert begibt sie sich persönlich ins Führerscheinausstellungsamt und dringt in sakrale Bezirke ein, die profanen Sterblichen streng verschlossen sind, mitten zwischen labyrinthische Reihen von Akten, die dort seit unvordenklichen Zeiten lagern. Was sie dort tut, weiß ich nicht (ich höre erstickte Schreie, Gepolter von stürzenden Aktenbergen, Staubwolken quellen durch die Ritzen der Tür). Schließlich erscheint sie wieder, in der Hand ein gelbliches Formular aus dünnem Papier wie jene, die von Parkwächtern unter die Scheibenwischer geschoben werden, Format neunzehn mal dreizehn Zentimeter. Es hat kein Foto, es ist mit Tinte beschrieben, mit einer dicken klecksigen Feder, die in ein altes Tintenfaß eingetaucht worden ist, so eins voller Bodensatz und Schleim, der Fäden auf dem porösen Papier zieht. Es enthält meinen Namen mitsamt der Nummer des verlorenen Führerscheins, und der gedruckte Text besagt, vorliegendes Blatt ersetze den »oben angegebenen« Führerschein, und es verfalle am 29. Dezember (das Datum ist offensichtlich gewählt, um das Opfer zu überraschen, während es ahnungslos die Kehren zu einer alpinen Ortschaft hinauffährt, womöglich im Schneegestöber, fern von zu Hause, so daß es von der Straßenpolizei verhaftet und gefoltert werden kann).

Das Blatt ermächtigt mich, in Italien zu fahren, aber ich fürchte, es bringt mich in ernsthafte Schwierigkeiten, wenn ich es einem Polizisten im Ausland zeige. Aber Geduld, jetzt fahre ich erst mal wieder. Um es kurz zu machen, im Dezember ist mein Führerschein immer noch nicht gekommen, ich stoße auf Widerstände, als ich um Verlängerung der provisorischen Fahrerlaubnis ersuche, ich gehe erneut ins Pressebüro der Präfektur, und am Ende habe ich wieder dasselbe Blatt, auf das eine ungelenke Hand geschrieben hat, was ich selbst hätte schreiben können, nämlich daß es bis zum 28. Juni verlängert worden ist (wieder so ein Datum, das mich wehrlos überraschen soll, während ich eine sommerliche Küstenstraße entlangfahre). Immerhin wird mir mitgeteilt, man werde, wenn jenes Datum erreicht sei, für eine erneute Verlängerung sorgen, denn mit dem Führerschein werde es noch etwas dauern. Mit gebrochener Stimme erzählen mir Leidensgenossen beim Schlangestehen, es gebe Leute, die seit zwei bis drei Jahren auf ihren Führerschein warten.

Vorgestern habe ich nun die neue Jahresmarke auf das Papier geklebt. Der Tabakhändler hat mir geraten, sie nicht zu entwerten*, denn falls mein Führerschein endlich kommen sollte, müßte ich sonst eine neue kaufen. Aber ich fürchte, mit der Nichtentwertung habe ich ein Delikt begangen.

An diesem Punkt drei Bemerkungen. Erstens: Daß ich die provisorische Fahrerlaubnis nach zwei Monaten hatte, liegt allein daran, daß es mir dank einer Reihe von Privilegien, die ich qua Herkunft und Erziehung genieße, gelungen ist, eine Reihe von Hohen Persönlichkeiten in drei Städten zu mobilisieren, Funktionsträger in sechs öffentlichen bzw. privaten Anstalten plus einer Tageszeitung und einem Wochenmagazin von nationaler Verbreitung. Wäre ich Angestellter oder Drogist, müßte ich mir jetzt ein Fahrrad kaufen. Um mit einem Führerschein zu fahren, muß man Licio Gelli sein.*

Zweitens: Das Blatt, das ich eifersüchtig in meiner Brieftasche hüte, ist ein Dokument ohne jeden Wert, kinderleicht zu fälschen, mithin ist Italien ein Land voller Autofahrer im Zustand problematischer Identifizierbarkeit. Massenhafte Illegalität oder Legalitätsfiktion.

Die dritte Bemerkung verlangt, daß der Leser seine Vorstellungskraft bemüht, um sich einen Führerschein bildlich vor Augen zu halten: ein Büchlein von zwei bis drei Seiten, mit Foto, aus schlechtem Papier. Diese Büchlein werden nicht in Fabriano hergestellt wie die bibliophilen Kostbarkeiten von Franco Maria Ricci, sie werden nicht handgepreßt von erlesenen Spezialisten, sie können in jeder beliebigen Klitsche gedruckt werden, und seit Gutenbergs Zeiten ist die westliche Zivilisation in der Lage, Zigtausende davon in wenigen Stunden zu produzieren.

Was also hindert uns, sie in genügender Menge verfügbar zu halten, das Foto des Opfers einzukleben und sie, warum nicht, per Münzautomaten zu verteilen? Was geschieht in den labyrinthischen Gängen der zuständigen Behörde?

Wir alle wissen, daß ein Rotbrigadist imstande ist, in wenigen Stunden Dutzende von falschen Führerscheinen zu fabrizieren – und man beachte, daß es mühsamer ist, einen falschen zu fabrizieren als einen echten. Also: Wenn wir nicht wollen, daß brave Bürger, denen ihr Führerschein abhanden gekommen ist, übelbeleumdete Bars frequentieren in der Hoffnung, dort Kontakte mit den Roten Brigaden zu knüpfen, gibt es nur eine Lösung: die »reuigen« Rotbrigadisten in den Führerscheinämtern anzustellen. Sie haben das nötige Know-how, sie haben genügend Zeit, Arbeit macht frei, wie man weiß, auf einen Schlag werden viele Gefängniszellen verfügbar, Personen, die bei erzwungener Untätigkeit in gefährliche Allmachtsphantasien zurückfallen könnten, leisten gesellschaftlich nützliche Dienste, sowohl dem Bürger mit vier Rädern als auch dem Hund mit sechs Beinen wäre gedient.

Aber vielleicht ist das alles zu einfach gedacht. Ich sage, hinter dem mysteriösen Mangel an Führerscheinen steckt die finstere Hand einer auswärtigen Macht.

(1982)

Wie man Gebrauchsanweisungen befolgt

Gewiß hat jeder schon mal in einer italienischen Bar unter jenen Zuckerdosen gelitten, bei denen, sobald man den Löffel herauszuziehen versucht, der Deckel wie eine Guillotine herunterknallt und den Löffel hochspringen läßt, so daß der Zucker ringsum über alle Anwesenden verstreut wird. Gewiß hat jeder schon mal in solchen Momenten gedacht, daß der Erfinder dieser Höllenmaschine in ein Straflager gehört. Statt dessen genießt er jetzt vermutlich die Früchte seiner Untat an einem exklusiven Privatstrand. Der amerikanische Humorist Shelley Berman hat einmal vorausgesagt, als nächstes werde jener Zeitgenosse ein Sicherheitsauto erfinden, bei dem die Türen sich nur von innen öffnen lassen.

Ich habe jahrelang einen Wagen gefahren, der in vieler Hinsicht hervorragend war, nur daß er den Aschenbecher des Fahrers an der linken Tür hatte. Wie jeder weiß, hält man beim Fahren die linke Hand am Lenkrand, während die rechte frei bleibt, um den Schaltknüppel usw. zu bedienen. Wenn man beim Fahren raucht (was man nicht tun sollte, ich weiß), hält man die Zigarette in der rechten Hand. Um die Asche mit der rechten Hand im Aschenbecher links neben der linken Schulter abzustreifen, muß man eine komplexe Operation vollführen und den Blick für den Bruchteil einer Sekunde von der Straße abwenden. Wenn der Wagen, wie es bei meinem der Fall war, hundertachtzig schafft, impliziert diese Operation das Risiko, sich der Sodomie mit einem Lastzug zu versündigen. Der Erfinder dieser Teufelei war ein Profi, der den Tod vieler Menschen verursacht hat, nicht an Raucherkrebs, sondern infolge Aufpralls auf Fremdkörper.

Ich vergnüge mich seit einiger Zeit mit der Prüfung diverser Textverarbeitungssysteme für Computer. Wer eins von diesen Systemen kauft, erhält ein Paket mit Disketten, die Gebrauchsanweisung und die Benutzerlizenz, das Ganze kostet je nach Fabrikat zwischen ein- und dreitausend Mark, und man kann sich die Bedienung entweder von einem Instrukteur der Firma erklären lassen oder das Handbuch studieren. Der Instrukteur ist gewöhnlich instruiert vom Erfinder der oben erwähnten Zuckerdose, es empfiehlt sich daher, mit einer Magnum auf ihn zu schießen, sobald er einen Fuß in die Wohnung setzt. Man kriegt dafür rund zwanzig Jahre Zuchthaus, mit einem guten Anwalt auch weniger, aber man hat Zeit gewonnen.

Schlimm wird es, wenn man das Benutzerhandbuch studiert – und meine Beobachtungen betreffen jedes beliebige Handbuch für jedes beliebige Fabrikat. Ein Benutzerhandbuch für sogenannte »Personalcomputer« präsentiert sich als ein schwerer Plastikcontainer mit scharfen Kanten, den man besser nicht in Reichweite kleiner Kinder gelangen läßt. Wenn man ihn öffnet, entpuppt sich der Inhalt als eine Anzahl backsteinförmiger Gegenstände mit vielen Seiten, in Beton gebunden und folglich kaum vom Wohn- ins Arbeitszimmer zu transportieren, beschriftet mit Titeln, denen man nicht zu entnehmen vermag, was man zuerst lesen soll. Die minder sadistischen Firmen liefern gewöhnlich zwei Handbücher, die perverseren bis zu vier.

Auf den ersten Blick meint man, das erste Handbuch erkläre die Dinge Schritt für Schritt für die Dummen, das zweite für die Experten, das dritte für die Profis und so weiter. Weit gefehlt! Jedes Handbuch erklärt etwas, das die anderen nicht erklären, was der Benutzer sofort wissen muß, steht im Handbuch für Ingenieure, was Ingenieuren weiterhilft, steht im Handbuch für Dumme. Jedes Handbuch ist überdies, zur Vorsorge für den Fall, daß man es in den nächsten zehn Jahren erweitern muß, als Ringbuch mit ca. dreihundert losen Blättern angelegt.

Wer je mit solch einem Ringbuch hantiert hat, weiß, daß nach zwei- bis dreimaliger Benutzung (ganz abgesehen von der Schwierigkeit, die Seiten umzublättern) die Ringe sich verbiegen; nach kurzer Zeit fällt das Ding auseinander und verstreut seine Blätter durchs ganze Zimmer. Menschen, die Informationen suchen, sind an den Umgang mit Dingen gewöhnt, die man Bücher nennt, womöglich solche mit farbigen Seiten oder mit Zähnung am Rande wie manche Telefonbücher, so daß man rasch findet, was man sucht. Die Hersteller von Computerhandbüchern ignorieren diese humane Praxis und liefern Objekte mit einer Lebensdauer von ca. acht Stunden. Die einzig vernünftige Lösung ist, die Handbücher auseinanderzunehmen, sie sechs Monate lang mit Hilfe eines Etruskologen zu studieren, sie auf ein paar Karteikärtchen zu komprimieren (was völlig reicht) und sie dann wegzuwerfen.

(1985)

Wie man ansteckende Krankheiten vermeidet

Vor vielen Jahren sagte einmal ein bekannter Fernseh-Schauspieler, der kein Hehl aus seiner Homosexualität machte, zu einem hübschen Jungen, den er offensichtlich verführen wollte: »Was, du gehst mit Frauen? Weißt du nicht, daß man von ihnen Krebs bekommt?« Der Ausspruch wird heute noch in den Korridoren der RAI zitiert, aber nun ist die Zeit der Scherze vorbei. Wie ich lese, hat Professor Matré endlich enthüllt, daß der heterosexuelle Beischlaf Krebs hervorruft. Es war auch Zeit. Ich würde noch weiter gehen und sagen, daß der heterosexuelle Beischlaf zum Tod führt: Selbst die Kinder wissen, daß er zur Fortpflanzung dient, und je mehr Menschen geboren werden, desto mehr sterben.

Mit wenig Sinn für Demokratie drohte die Aids-Psychose bisher nur die Aktivität der Homosexuellen einzuschränken. Von nun an werden wir auch die heterosexuelle Aktivität einschränken, und alle sind wieder gleich. Wir waren zu unbesonnen, und die Rückkehr zur Theorie von den Giftsalbenschmierern* vermittelt uns wieder ein strengeres Bewußtsein unserer Rechte und Pflichten.

Ich möchte jedoch hervorheben, daß auch das Aids-Problem selbst viel ernster ist, als wir glauben, und keineswegs nur die Homosexuellen betrifft. Nicht daß ich Panik verbreiten wollte, aber ich erlaube mir, auf einige andere hochgradig gefährdete Risikogruppen hinzuweisen.

Freiberufler
Gehen Sie nicht in die New Yorker Avantgardetheater:

Es ist bekannt, daß die angelsächsischen Schauspieler aus phonetischen Gründen beim Sprechen sehr viel Spucke spotzen, man braucht sie nur gegen das Licht im Profil zu betrachten, und die kleinen experimentellen Bühnen bringen den Zuschauer in direkten Spotzkontakt mit dem Schauspieler. Wenn Sie Abgeordneter sind, unterhalten Sie keine Beziehungen zu Mafiosi, Sie könnten sonst plötzlich gezwungen sein, dem Paten die Hand zu küssen. Abzuraten ist auch von einem Beitritt zur Camorra, wegen der Blutrituale. Wer eine politische Karriere über katholische Pressure Groups wie »Comunione e Liberazione« anstrebt, sollte gleichwohl die Kommunion vermeiden, bei welcher Keime von Mund zu Mund durch die Fingerspitzen des Zelebranten übertragen werden, zu schweigen von den Risiken der Ohrenbeichte.

Einfache Angestellte und Arbeiter

Hochgradig gefährdet sind die Pflichtversicherten mit kariösem Gebiß, da ihnen der Zahnarzt mit Händen in den Mund faßt, die zuvor in andere Münder gefaßt haben. Schwimmen im ölverseuchten Meer erhöht das Anstekkungsrisiko, denn die ölhaltigen Teerklumpen transportieren Reste vom Speichel anderer Leute, die sie zuvor geschluckt und wieder ausgespuckt haben. Wer mehr als achtzig Gauloises pro Tag raucht, berührt das mundnahe Stück der Zigarette mit Fingern, die zuvor anderes berührt haben, und so gelangen Keime in die Atemwege. Vermeiden Sie Arbeitslosigkeit, sonst kauen Sie den ganzen Tag lang auf den Nägeln herum. Passen Sie auf, daß Sie nicht von sardischen Hirten oder Terroristen entführt werden, denn die Entführer benutzen gewöhnlich ein und dieselbe Kapuze für mehrere Entführte. Nicht im Zug die Strecke Bologna-Florenz fahren, da bei einer Bombenexplosion

Organteile mit enormer Geschwindigkeit umherfliegen und es in solchen Momenten schwierig ist, sich davor zu schützen. Meiden sollte man auch die Atombombentestgebiete: Beim Anblick eines Atompilzes neigt man dazu, sich die Hände an den Mund zu führen (ohne sie vorher gewaschen zu haben!) und »Mein Gott!« zu murmeln.

Hochgradig gefährdete Risikogruppen sind auch die Sterbenden, die das Kruzifix küssen; ebenso die zum Tode Verurteilten (sofern die Schneide der Guillotine nicht vor Gebrauch gut desinfiziert worden ist) und die Kinder in Waisenhäusern, die von der bösen Ordensschwester gezwungen werden, den Fußboden zu lecken, nachdem sie mit einem Fuß an die Pritsche gefesselt worden sind.

Bewohner der dritten Welt

In höchstem Grade gefährdet sind die Rothäute: Das Weiterreichen des Kalumets von Mund zu Mund hat bekanntlich zum Aussterben der indianischen Nation geführt. Die Bewohner des Vorderen Orients und die Afghanen sind dem Gelecktwerden durch Kamele ausgesetzt, man sehe nur die hohe Sterblichkeitsrate im Iran und Irak. Ein »Verschwundener« in Lateinamerika riskiert viel, wenn sein Folterer ihm ins Gesicht spuckt. Kambodschaner und Bewohner libanesischer Lager sollten das Blutbad vermeiden, neun von zehn Ärzten raten davon ab (der zehnte, der toleranteste, ist Dr. Mengele).

Die Schwarzen in Südafrika sind Infektionen ausgesetzt, wenn die Weißen sie verächtlich ansehen und dazu ein Geräusch mit dem Mund ausstoßen, der Speichel verbreitet. Die politischen Gefangenen aller Hautfarben sollten sorgfältig vermeiden, daß der verhörende Polizist ihnen mit der Faust in die Zähne schlägt, nachdem er zuvor das Zahnfleisch eines anderen Verhörten berührt hat. Die unter endemischer Hungersnot leidenden Bevölkerungen sollten nicht zu oft schlucken, um das Nagen des Hungers abzumildern, da der Speichel, der mit dem Gifthauch der Umwelt in Berührung gekommen ist, leicht die Darmwege infizieren kann.

Um diese Kampagne für eine Erziehung zu besserer Hygiene sollten sich die Behörden und die Presse kümmern, anstatt sich über andere Probleme zu erregen, deren Lösung getrost auf später verschoben werden kann.

(1985)

Wie man mit einem Lachs verreist

Glaubt man den Zeitungen, sind es zwei Probleme, die unsere Epoche bedrohen: die Invasion der Computer und der besorgniserregende Vormarsch der dritten Welt. Es stimmt, ich kann es bezeugen.

Meine letzte Reise war kurz: ein Tag in Stockholm und drei Tage in London. In Stockholm blieb mir genügend Zeit, einen geräucherten Lachs zu kaufen, ein Riesending zu einem Spottpreis. Er war akkurat in Plastik verpackt, aber man sagte mir, wenn ich auf Reisen sei, täte ich gut daran, ihn zu kühlen. Leicht gesagt.

In London hatte mir mein Verleger zum Glück ein Zimmer in einem Luxushotel reservieren lassen, also eins mit Kühlschrank. Bei der Ankunft hatte ich den Eindruck, in eine ausländische Botschaft während des Boxeraufstands in Peking geraten zu sein.

Familien, die in der Halle kampierten, Reisende in Decken auf ihrem Gepäck … Ich fragte das Personal, lauter Inder und ein paar Malayen. Sie sagten mir, das Hotel habe just am Vortag ein Computersystem installiert, das aufgrund von Anfangsschwierigkeiten seit zwei Stunden ausgefallen sei. Man könne leider nicht feststellen, welche Zimmer frei und welche belegt seien. Ich müsse warten.

Gegen Abend war der Computer repariert, und ich bekam mein Zimmer. Sofort holte ich den Lachs aus dem Koffer und suchte den Kühlschrank. Gewöhnlich enthalten die Kühlschränke in Hotelzimmern zwei Flaschen Bier, zwei Flaschen Mineralwasser, ein paar Minifläschchen Spirituosen, ein paar Fruchtsäfte und zwei Erdnußpäckchen.

Der, den ich vorfand, war ein Riesending und enthielt fünfzig Minibouteillen Whisky, Gin, Drambuye, Courvoisier, Grand Marnier und Calvados, acht Flaschen Perrier, zwei Flaschen Vitelloise und zwei Evian, drei Halbliterflaschen Champagner, diverse Dosen Stout, Pale Ale, deutsches und holländisches Bier, italienischen und französischen Weißwein sowie Erdnüsse, Salzstangen, Mandeln, Schokolädchen und Alka Seltzer. Kein Platz für meinen Lachs.

Ich öffnete zwei geräumige Fächer, packte den ganzen Inhalt des Kühlschranks hinein, versorgte den Lachs und vergaß ihn. Als ich am nächsten Tag gegen vier zurückkam, lag der Lachs auf dem Tisch und der Kühlschrank war wieder randvoll mit teuren Spirituosen. Ich öffnete die zwei Fächer und sah, daß alles, was ich tags zuvor dort versteckt hatte, noch da war. Ich rief in der Rezeption an und sagte, man möge dem Etagenpersonal bitte ausrichten, wenn es den Kühlschrank leer finde, sei das nicht, weil ich alles getrunken hätte, sondern wegen dem Lachs. Man antwortete mir, die Information müsse in den Zentralcomputer eingespeist werden – auch weil der größte Teil des Personals kein Englisch spreche und keine mündlichen Aufträge annehmen könne, sondern nur solche in Basic.

Ich machte zwei weitere Fächer auf, packte erneut den ganzen Inhalt des Kühlschranks hinein und versorgte erneut meinen Lachs. Tags darauf um vier lag der Lachs wieder auf dem Tisch und roch schon etwas verdächtig.

Der Kühlschrank war bis zum Rand voller Flaschen und Fläschchen, und die vier Fächer erinnerten mich an den Panzerschrank eines »Speakeasy« während der Prohibitionszeit. Ich rief in der Rezeption an und erfuhr, es habe leider erneut einen Zwischenfall mit dem Computer gegeben. Ich läutete nach dem Etagenkellner und versuchte, meinen Fall einem Typ zu erklären, der die Haare zu einem Knoten im Nacken zusammengebunden trug. Aber er sprach nur einen Dialekt, der, wie mir ein Anthropologe später erklärte, in Kefiristan zu der Zeit gesprochen wurde, als Alexander der Große die schöne Roxana heimführte.

Am nächsten Morgen ging ich die Rechnung bezahlen. Sie war astronomisch. Ihr zufolge hatte ich in zweieinhalb Tagen mehrere Hektoliter Veuve Cliquot, zehn Liter Scotch verschiedener Marken, darunter einige rare Malts, acht Liter Gin, fünfundzwanzig Liter Perrier und Evian nebst einigen Flaschen San Pellegrino getrunken und so viele Fruchtsäfte, daß es gereicht hätte, sämtliche von der Unicef betreuten Kinder am Leben zu erhalten, dazu Mandeln, Crackers und Erdnüsse in solchen Mengen verdrückt, daß ein Mitwirkender bei der Autopsie des Personals aus dem *Großen Fressen* sich übergeben hätte. Ich versuchte den Fall zu erklären, aber der Angestellte versicherte mir lächelnd mit betelgeschwärzten Zähnen, der Computer habe es so registriert. Ich verlangte nach einem Advokaten, und man brachte mir eine Avocado.

Mein Verleger tobt jetzt und hält mich für einen Schmarotzer. Der Lachs ist ungenießbar. Meine Kinder sagen, ich solle nicht soviel trinken.

(1986)

Wie man ein Inventar erstellt

Die Regierung verspricht, man werde bald etwas tun, um die Autonomie der Universitäten zu sichern. Im Mittelalter waren die Universitäten autonom und funktionierten besser als heute. Die amerikanischen Universitäten, von deren Perfektion so fabelhafte Dinge erzählt werden, sind autonom. Die deutschen Universitäten sind von den Bundesländern abhängig, aber regionale Regierungen sind beweglicher als Zentralverwaltungen, und bei vielen Fragen, wie etwa der Berufung von Professoren, ratifiziert die Landesregierung nur noch pro forma, was die Universität beschlossen hat. In Italien läuft ein Wissenschaftler Gefahr, wenn er aufdeckt, daß das Phlogiston nicht existiert, am Ende Axiomatik des Phlogistons zu lehren, denn ist der Begriff erst einmal in die ministeriellen Listen gelangt, kann er nur noch geändert werden um den Preis langwieriger Verhandlungen zwischen sämtlichen Hochschulen des ganzen Landes, dem Obersten Wissenschaftsrat, dem Ministerium und einigen anderen Behörden, deren Namen mir entfallen sind.

Die Forschung schreitet voran, wenn jemand einen Weg sieht, den vorher niemand gesehen hatte, und ein paar andere Leute mit großer Entscheidungsfreiheit beschließen, ihm Glauben zu schenken. Bedarf es aber, um einen Stuhl in Sterzing zu verrücken, erst einer Entscheidung in Rom, nach Anhörung von Chivasso, Terontola, Afragola, Montelepre und Decimomannu, so ist klar, daß er frühestens dann verrückt wird, wenn es nichts mehr nützt.

In Italien stockt die Forschung freilich auch deshalb, weil die Bürokratie uns zwingt, viel Zeit mit der Lösung lächerlicher Probleme zu vertun. Ich bin Direktor eines Universitätsinstituts und mußte als solcher vor ein paar Jahren, wie alle meine Kollegen, ein sehr detailliertes Inventar der beweglichen Güter des Instituts erstellen. Die einzige Angestellte, die mir zur Verfügung stand, hatte tausend andere Dinge zu tun. Man konnte eine Privatfirma mit der Inventur beauftragen, die dafür 300 000 Lire verlangte. Das Geld war vorhanden, aber nur in einem Fonds für »inventarisierbares Material«. Wie kann man eine Inventur für inventarisierbar erklären?

Ich mußte eine Kommission von Logikern einberufen, die ihre Forschungen für drei Tage unterbrachen. Sie befanden, daß in der Frage etwas Ähnliches vorliege wie im Paradox der Gesamtmenge der Normalmengen. Dann beschlossen sie, daß der Akt des Inventarisierens, da ein Ereignis, kein inventarisierbarer Gegenstand sei, aber zwangsläufig der Erstellung von Inventaren vorausgehe, welche ihrerseits, da Objekte, inventarisierbar seien. Die private Firma wurde gebeten, uns nicht den Akt des Inventarisierens in Rechnung zu stellen, sondern dessen Ergebnis, und so machten wir Inventur. Ich hatte seriöse Gelehrte mehrere Tage lang von wichtigen Aufgaben abgehalten, aber ich hatte eine Gefängnisstrafe wegen Veruntreuung öffentlicher Gelder vermieden.

Einige Monate später kam der Pedell und eröffnete mir, es fehle an Klopapier. Ich sagte ihm, er solle welches kaufen. Die Institutssekretärin wies mich darauf hin, daß wir nur noch Gelder für inventarisierbares Material hätten, und gab zu bedenken, daß neues Klopapier zwar inventarisiert werden könne, aber daß Klopapier aus Gründen, die ich nicht weiter vertiefen will, zum Zerfall tendiere, und wenn es einmal zerfallen sei, verschwinde es aus dem Inventar. Ich berief also eine Kommission von Biologen ein, um zu erfahren, wie man gebrauchtes Klopapier inventarisieren könne. Theoretisch sei das schon möglich, wurde mir als Antwort zuteil, aber die menschlichen Kosten seien sehr hoch.

Ich berief eine Kommission von Juristen ein, die mir schließlich die Lösung lieferte, nach der ich seither verfahre: Ich nehme das Klopapier in Empfang, inventarisiere es und lasse die Rollen aus wissenschaftlichen Gründen auf die Toiletten des Instituts verteilen. Wenn das Papier dann verschwindet, erstatte ich Anzeige wegen Diebstahls von inventarisiertem Material durch Unbekannte. Leider muß ich die Anzeige jeden zweiten Tag wiederholen, und ein Inspektor des staatlichen Sicherheitsdienstes hat bereits schwerwiegende Bedenken gegen die Leitung eines Instituts vorgebracht, in welches Unbekannte so leicht und in so regelmäßigen Abständen infiltrieren können. Ich werde verdächtigt, aber ich habe mich gut abgesichert, mich kriegen sie nicht.

Das Dumme ist nur: Um diese Lösung zu finden, habe ich illustre Wissenschaftler tagelang von gemeinnützigen Forschungen abhalten müssen, habe öffentliche Gelder in Form von Zeit des lehrenden und nicht lehrenden Personals, von Telefonanten und Portokosten vergeudet. Aber niemand wird der Veruntreuung von Staatsgeldern bezichtigt, wenn alles nach dem Buchstaben des Gesetzes verläuft.

(1986)

Wie man sich das Leben durch
Maschinchen erleichtert

Die Maschine fliegt majestätisch über immense Ebenen, makellose Wüsten. Dieser amerikanische Kontinent hat noch Momente fast taktiler Berührung mit der Natur zu bieten. Ich bin im Begriff, die Zivilisation zu vergessen, doch wie es der Zufall will, findet sich in der Tasche vor meinem Sitz, zwischen den Instruktionen für die rasche Evakuierung des Flugzeugs (im Unglücksfalle) und der Tüte für die rasche Evakuierung meines Magens (im Falle der Übelkeit), neben dem Programm des Films und der *Brandenburgischen Konzerte* im Kopfhörer, ein Exemplar der *Discoveries*, eine Hochglanzbroschüre, die mit einladenden Fotos eine Reihe postalisch bestellbarer Gegenstände anpreist. In den nächsten Tagen werde ich ähnliche Publikationen entdecken, Druckschriften wie *The American Traveller, Gifts With Personality* und dergleichen mehr.

Eine faszinierende Lektüre, ich versinke darin und vergesse die Natur, die so eintönig ist, weil sie, wie es scheint, *non facit saltus* (was ich auch von meinem Flugzeug hoffe). Wieviel interessanter ist da doch die Kultur, die bekanntlich die Natur korrigiert! Die Natur ist hart und feindlich, indes die Kultur dem Menschen gestattet, die Dinge mit weniger Anstrengung zu verrichten und Zeit zu sparen. Die Kultur befreit den Körper aus der Sklaverei der Arbeit und disponiert ihn zur Kontemplation.

Man denke nur einmal zum Beispiel, wie lästig die Handhabung eines Nasensprays ist, ich meine eines jener pharmazeutischen Plastikfläschchen, die man mit zwei Fingern zusammendrücken muß, um sich ein wohltuendes

103

Aerosol in die Nasenlöcher zu sprühen. Keine Angst: »Viralizer« ($ 4.59) ist eine Maschine, in die das Fläschchen eingeführt wird und die es für den Benutzer zusammendrückt, so daß der Strahl direkt in die verborgensten Intimitäten seiner Atemwege gelangt. Natürlich muß man die Maschine in der Hand halten, und insgesamt hat man, nach dem Foto zu urteilen, den Eindruck, mit einer Kalaschnikow zu schießen, aber alles hat seinen Preis.

Frappiert hat mich – und ich hoffe, es frappiert mich nicht weiter – ein Produkt namens »Omniblanket«, das gut 150 Dollar kostet. An sich ist es nur eine Heizdecke, aber sie enthält ein elektronisches Programm zur Regulierung der Temperatur je nach den verschiedenen Körperteilen. Mit anderen Worten, wenn man nachts am Rücken friert, aber zwischen den Beinen schwitzt, braucht man Omniblanket einfach nur so zu programmieren, daß sie einem den Rücken wärmt und die Lenden kühlt. Blöd natürlich, wenn man nervös ist und sich im Bett herumwälzt. Am Ende röstet man sich die Hoden oder was man da sonst hat. Ich glaube nicht, daß man Verbesserungen vom Erfinder verlangen kann, ich fürchte, er ist längst verkohlt.

Natürlich könnte es sein, daß man beim Schlafen schnarcht und damit den/die Partner/in stört. Nun: »Snore Stopper« ist eine Art Armbanduhr, die man vor dem Einschlafen anlegt. Kaum schnarcht man, wird Snore Stopper dank eines Audiosensors aktiv und schickt einem einen Stromstoß durch den Arm, der zielgenau eines der Nervenzentren im Hirn erreicht und dort ich weiß nicht was unterbricht, jedenfalls schnarcht man dann nicht mehr. Kostet nur 45 Dollar. Das Dumme ist, daß Herzkranken davon abgeraten wird, und mich beschleicht der Verdacht, daß auch die Gesundheit eines Athleten darunter leiden könnte. Zudem wiegt das Ding zwei *pounds*, also fast ein Kilo, infolgedessen kann man es zwar vielleicht mit dem Ehepartner benutzen, dem man seit Jahrzehnten angetraut ist, aber kaum mit dem Abenteuer einer Nacht, denn heiße Umarmungen mit einer kiloschweren Maschine am Handgelenk könnten leicht, als Nebenwirkungen, Unfälle nach sich ziehen.

Man weiß, daß die Amerikaner, um ihre Fettpolster abzubauen, Jogging machen, das heißt, sie laufen Stunden um Stunden, bis sie mit einem Herzinfarkt zusammenbrechen. »Pulse Trainer« ($ 59.95) wird an den Puls geschnallt und ist durch einen Draht mit einem Gummikäppchen verbunden, das man sich über den Zeigefinger stülpt. Anscheinend ertönt dann, wenn das Herz-Kreislauf-System kurz vor dem Kollaps steht, ein Alarm. Wirklich ein Fortschritt, wenn man bedenkt, daß in den unterentwickelten Ländern ein Läufer erst stehenbleibt, wenn er ins Keuchen gerät – was ein sehr primitiver Parameter ist, vielleicht liegt hier der Grund dafür, warum die Kinder in Ghana kein Jogging machen. Merkwürdig allerdings, daß sie trotz dieser Nachlässigkeit fast überhaupt keine Fettpolster haben. Mit dem Pulse Trainer kann man jetzt sorglos laufen, und wenn man sich dann noch um Brust und Hüften zwei Gürtel Marke »Nike Monitor« bindet, sagt einem eine elektronische Stimme, gespeist von einem Mikroprozessor und einem Doppler Effect Ultra Sound, wieviel und wie schnell man gelaufen ist ($ 300).

Tierfreunden rate ich zu »Bio Bet«. Man bindet es dem Hund um den Hals, und es sendet Ultraschallwellen (PMBC Circuit), die seine Flöhe erlegen. Kostet nur 25 Dollar. Ich weiß nicht, ob man es sich auch selber umbinden kann, um die menschlichen Quälgeister zu erlegen, aber ich fürchte die üblichen Nebenwirkungen. Batterien (Duracel Lithium) sind nicht im Preis inbegriffen. Die muß der Hund sich schon selber kaufen.

»Shower Valet« ($ 34.95) bietet in einer integralen Einheit, die man sich im Bad an die Wand hängt, einen nicht beschlagenden Spiegel samt Radio, Fernseher, Rasierklingenhalter und Rasiercremespender. Der Werbung zufolge kann das Gerät die langweilige Morgenroutine in eine »außerordentliche Erfahrung« verwandeln. »Spice Track« ($ 36.95) ist ein elektronischer Apparat, der alle nur irgend denkbaren Gewürze enthält. Arme Leute stellen sich die Gewürze in Gläsern auf ein Regal überm Herd, und wenn sie, sagen wir, Zimt auf ihre tägliche Portion Kaviar streuen wollen, müssen sie mit den Fingern nach dem Zimtglas greifen. Wer sich Spice Track leisten kann, braucht nur einen Algorithmus digital einzutippen (ich glaube in Turbo Pascal), und prompt steht das gewünschte Gewürz vor ihm.

Wenn man der geliebten Person ein ungewöhnliches Geburtstagsgeschenk machen will, erbietet sich eine Firma, ihr für bloß 30 Dollar ein Exemplar der *New York Times* vom Tage ihrer Geburt zu schicken. Sollte die beschenkte Person am Tag von Hiroschima oder an dem des Erdbebens in Messina geboren sein, hat sie Pech gehabt. Mit derselben Methode kann man auch gehaßte Personen demütigen, wenn sie an einem Tag geboren sind, an dem nichts Besonderes passiert ist.

Auf Flügen von einer gewissen Dauer kann man für drei bis vier Dollar richtige Kopfhörer mieten, um die diversen Musikprogramme im Bordradio oder den Soundtrack des Films zu hören. Für habituelle und zwanghafte Reisende, die sich vor Aids fürchten, gibt es für $ 19.95 persönliche und personalisierte (sterilisierte) Kopfhörer, die man von Flug zu Flug mit sich herumträgt.

Auf Reisen von Land zu Land möchte man gerne wissen, wieviel Dollar zur Zeit gerade ein Pfund Sterling wert ist oder wie viele spanische Dublonen man für einen Taler kriegt. Arme Leute benutzen dazu einen Bleistift oder einen Taschenrechner zu fünfzehn Mark, sie schlagen die Tageskurse in den Zeitungen nach und rechnen. Reiche können jetzt einen Currency Converter zu zwanzig Dollar erwerben. Er macht dasselbe wie ein Taschenrechner, aber er muß jeden Morgen anhand der Tageskurse in den Zeitungen neu programmiert werden, und er ist wahrscheinlich unfähig, die (nicht monetäre) Frage »Wieviel ist sechs mal sechs« zu beantworten. Die Raffinesse liegt darin, daß dieser Rechner für den doppelten Preis die Hälfte dessen leistet, was die anderen können.

Ferner gibt es die diversen Wunder-Terminkalender (»Master Day Time«, »Memory Pal«, »Loose-Leaf Timer« etc.). Ein Wunder-Terminkalender ist wie ein normaler Taschenkalender beschaffen (nur daß er gewöhnlich nicht in die Tasche paßt). Wie in einem normalen Kalender kommt nach dem 30. September der 1. Oktober. Das Besondere ist die Gebrauchsanweisung: »Stellen Sie sich einmal vor«, wird uns da geduldig erklärt, »Sie verabreden am 1. Januar ein Treffen für den 20. Dezember morgens um zehn. Das sind fast zwölf Monate im voraus, kein menschliches Hirn kann sich eine so unbedeutende Einzelheit so lange merken. Was also tun Sie? Ganz einfach: Sie schlagen am 1. Januar Ihren Kalender beim 20. Dezember auf und schreiben hinein: 10 Uhr, Mr. Smith. Wunderbar! Für den ganzen Rest des Jahres können Sie nun diesen wichtigen Termin vergessen, es genügt, daß Sie am 20. Dezember morgens um sieben, während Sie Ihre Cornflakes löffeln, den Kalender aufschlagen, und wie durch ein Wunder erinnern Sie sich an das Treffen!« – Was aber, frage ich, wenn man erst um elf aufwacht und erst mittags in den Kalender schaut? Dumme Frage, wer 50 Dollar für den Wunder-Kalender ausgegeben hat, wird ja wohl noch soviel gesunden Menschenverstand aufbringen, daß er jeden Morgen um sieben aufsteht!

Zur Beschleunigung der Morgentoilette am 20. Dezember bietet sich, für nur 16 Dollar, der Nose Hair Remover Marke »Rotary Clipper« an, ein Instrument, das den Marquis de Sade fasziniert hätte: Man führt es in die Nase ein (in der Regel), wo es alsdann, elektrisch rotierend, die Naseninnenhaare abschneidet, die unerreichbar für die normalen Scheren sind, mit denen die armen Leute sie gewöhnlich und vergeblich zu entfernen trachten. Ich weiß nicht, ob es auch eine Makro-Ausgabe gibt, für unseren Hauselefanten.

Der »Cool Sound« ist ein tragbarer Kühlschrank für Picknicks mit eingebautem Fernseher. Die »Fish Tie« ist eine Krawatte in Kabeljauform, hundert Prozent Polyester. Der »Coin Changer« enthebt uns der Mühe, dauernd in der Hosentasche nach Kleingeld zu kramen, er braucht allerdings soviel Platz wie ein Reliquienschrein mit dem Oberschenkel des hl. Alban. Wo man im Notfall die Münzen herkriegt, um ihn wieder zu füllen, wird nicht gesagt.

Tee zu machen erfordert, wenn man die richtigen Blätter hat, nur einen Kessel zum Wasserkochen, einen Teelöffel und allenfalls noch ein Sieb. »Tea Magic«, erhältlich für $ 9.95, ist eine hochkomplizierte Maschine, der es gelingt, die Zubereitung einer Tasse Tee genauso arbeitsaufwendig zu machen wie die einer Tasse Kaffee.

Aber nicht nur im Flugzeug, auch beim Warten auf dem Flughafen, zwischen zwei Flügen, kann man was lernen, wenn man in den Auslagen der Zeitschriftenkioske blättert. Vor einigen Tagen entdeckte ich, daß es eine Reihe von Zeitschriften ganz speziell für Schatzsucher gibt. Ich kaufte mir eine Nummer der in Paris erscheinenden Zeitschrift *Trésors de l'Histoire*. Sie enthält Artikel über die mögliche Existenz reicher Schätze in verschiedenen Gegenden Frankreichs, mit präzisen geo- und topographischen Angaben und Berichten über Schätze, die man bereits an jenen Orten gefunden hat.

So erfuhr ich zum Beispiel, daß es Schätze auf dem Grunde der Seine zu finden gibt, von antiken Münzen bis zu Gegenständen, die im Lauf der Jahrhunderte in den Fluß geworfen worden sind, Schwerter, Gefäße, Boote, kompromittierende Diebesbeute, auch Kunstwerke; Schätze in der Bretagne, vergraben von der apokalyptischen Sekte des Wanderpriesters Eon de l'Estoile im Mittelalter; Schätze im Zauberwald von Brocelandie, die aus den Zeiten Merlins und der Gralsritter stammen (mit detaillierten Angaben zur Identifikation des Heiligen Grals höchstpersönlich, wenn man Glück hat); Schätze in der Normandie, vergraben von den Vendéens während der Französischen Revolution; Schätze von Leuten wie Olivier le Diable, dem Barbier König Ludwigs XI.; Schätze, von denen scheinbar nur zum Scherz in den Romanen Arsène Lupins die Rede ist, die aber wirklich existieren. Ferner gibt es einen *Guide de la France trésoraire*, den der Artikel nur beschreibt, denn das komplette Werk, für 26 Francs zu erwerben, enthält 74 Karten im Maßstab 1:100, und jeder kann sich diejenige seiner Gegend aussuchen.

Der Leser wird sich fragen, wie man es anstellt, nach einem Schatz zu suchen, der unter der Erde oder im Wasser liegt. Keine Angst, die Zeitschrift bietet Artikel und Anzeigen über eine Reihe von unverzichtbaren Apparaten für Schatzsucher. Es gibt Detektoren verschiedener Art, spezialisiert auf Gold, Metalle und andere kostbare Materialien. Für die Unterwassersuche gibt es Taucheranzüge,

Atemgeräte, Flossen, Instrumente mit speziellen Sensoren für Edelsteine. Einige dieser Instrumente kosten ein paar hundert Mark, andere gehen bis in die Tausende. Es werden sogar Kreditkarten offeriert, mit denen man nach einem Kauf für insgesamt dreitausend Mark bei weiteren Käufen einen Rabatt von hundertfünfzig Mark erhält (die Gründe für diesen Rabatt sind nicht ganz klar, denn an diesem Punkt müßte der Käufer schon mindestens eine Truhe voller spanischer Dublonen gefunden haben).

Für 1200 Mark kann man zum Beispiel einen »M-Scan« erwerben, der zwar unhandlich ist, aber gestattet, Kupfermünzen in zweiundzwanzig Zentimeter Tiefe zu identifizieren, eine Kasse in zwei Metern Tiefe und eine optimale Masse Metall in einem Versteck bis zu drei Metern unter dem Boden. Andere Instruktionen präzisieren, wie man die verschiedenen Detektoren richtig hält, und weisen darauf hin, daß die feuchte Jahreszeit günstig für die Suche nach großen Massen ist und die trockene für die Suche nach kleinen Objekten. Der »Beachcomber 60« eignet sich speziell für die Suche an Stränden und in hochgradig mineralhaltigen Böden (versteht sich: Wenn eine Kupfermünze neben einem Diamantenlager vergraben ist, kann das Gerät aus dem Takt geraten und sie ignorieren).

Andererseits verkündet eine Annonce, daß neunzig Prozent des in der Welt vorhandenen Goldes noch zu entdecken sind und daß der Detektor »Goldspear«, der kinderleicht zu handhaben ist (er kostet knapp zweieinhalbtausend Mark), eigens entwickelt wurde, um Goldadern zu entdecken. Preiswert ist auch ein Taschendetektor (»Metal Locator«) für die Schatzsuche in Kaminen und antiken Möbeln. Für weniger als fünfzig Mark gibt es einen Spray (»AF2«), mit dem man die gefundenen Münzen reinigen und entrosten kann. Für Ärmere schließlich zahlreiche Wünschelruten oder »radiästhetische Pendel«. Wer mehr darüber erfahren will, findet eine Reihe von Büchern mit verlockenden Titeln wie: *Geheimnisvolle Geschichte der französischen Schätze, Führer zu den vergrabenen Schätzen, Führer zu den verlorenen Schätzen, Frankreich, Gelobtes Land, Frankreichs Untergründe, Die Jagd nach Schätzen in Belgien und in der Schweiz* etc.

Man fragt sich vielleicht, wie es kommt, wenn all diese schönen Hilfsmittel zur Verfügung stehen, daß die Redakteure der Zeitschrift ihre besten Tage damit verbringen, sie zu machen, statt aufzubrechen in die bretonischen Wälder. Ganz einfach: Die Zeitschrift, die Bücher, die Detektoren, Flossen, Sprays und all das übrige werden von derselben Firma verkauft, die eine ausgedehnte Ladenkette besitzt. Das Geheimnis ist gelüftet, *sie* haben den Schatz schon gefunden.

Bleibt zu erklären, wer die Leute sind, die ihre Produkte kaufen, aber es sind wohl die gleichen, die in Italien keine Gelegenheit auslassen, bei den beliebten Versteigerungen im Fernsehen etwas zu ergattern. Die Franzosen kommen auf diese Weise wenigstens zu ein paar gesunden Waldspaziergängen.

(1986)

Wie man Malteserritter wird

Ich habe einen Brief bekommen, Absender ist laut Briefkopf der Ordre Souverain Militaire de Saint-Jean de Jérusalem – Chevaliers de Malte – Prieuré Oecuménique de la Sainte Trinité de Villedieu – Quartier Général de la Vallette – Prieuré de Quebec, und er bietet mir an, ein Malteserritter zu werden. Ich hätte zwar ein Billett von Karl dem Großen vorgezogen, aber ich habe die Sache gleichwohl sofort meinen Kindern erzählt, damit sie wissen, was für einen Vater sie haben. Dann habe ich mir den Band *Ordres et contre-ordres de chevalerie* von Caffanjon und Gallimard-Flavigny, Paris 1982, aus meinem Bücherregal geholt, der unter anderem eine Liste der Pseudo-Orden von Malta enthält, veröffentlicht vom authentischen Ordine Sovrano Militare e Ospitaliero di San Giovanni di Gerusalemme, di Rodi e di Malta, der in Rom residiert.

Es gibt noch sechzehn weitere Malteserorden, alle tragen mehr oder minder den gleichen Namen mit winzigen Variationen, alle an- und aberkennen sich gegenseitig das Recht dazu. 1908 haben russische Ritter einen Orden in den Vereinigten Staaten gegründet, dessen Kanzler in späteren Jahren Seine Königliche Hoheit Prinz Robert Paternò II., Ayerbe Aragon, Duc de Perpignan, Chef des Hauses Aragon, Thronprätendent des Reiches Aragon und Balearen, Großmeister des Ordens vom Kollar der heiligen Agathe von Paternò sowie des Ordens der Königskrone der Balearen wurde. Doch 1934 trennt sich von diesem Stamm ein dänischer Ritter, der einen anderen Orden gründet, dessen Kanzlerschaft er dem Prinzen Peter von Griechenland und von Dänemark überträgt.

Zu Beginn der sechziger Jahre gründet ein Abtrünniger
der russischen Linie, Paul de Granier de Cassagnac, einen
Orden in Frankreich, als dessen Schutzherrn er König Peter
II. von Jugoslawien wählt. 1965 überwirft sich der Ex-Peter
Zwo von Jugoslawien mit Cassagnac und gründet in New
York einen anderen Orden, dessen Groß-Prior in den sieb-
ziger Jahren Prinz Peter von Griechenland und von Dänemark wird, der später abdankt, um zum dänischen Orden
überzutreten. 1966 erscheint als Kanzler des Ordens ein gewisser Robert Bassaraba von Brancovan Khimchiacvili, der
jedoch ausgeschlossen wird und daraufhin den Orden der
Ökumenischen Ritter von Malta gründet, dessen Kaiser-
lich-Königlicher Protektor alsdann Prinz Heinrich III.
Konstantin von Vigo Lascaris Aleramicos Paläologos von
Monferrat, Erbe des Throns von Byzanz und Fürst von
Thessalien wird, während Robert Bassaraba sich 1975 seinen eigenen Orden mit Priorat der Trinité de Villedieu –
also den meinen – zu gründen sucht, aber ohne Erfolg.
Weiter finde ich: ein byzantinisches Protektorat, einen
Orden, der von Prinz Carol von Rumänien nach dessen
Trennung von Cassagnac gegründet wurde, ein Groß-Priorat, dessen Groß-Bailiff ein gewisser Tonna-Barthet ist,
während Prinz Andreas von Jugoslawien, Ex-Großmeister
des von Peter II. gegründeten Ordens, nun Großmeister
des Priorats von Rußland ist, ferner einen Orden, der in
den siebziger Jahren in den Vereinigten Staaten von einem
Baron de Choibert gegründet wurde, zusammen mit dem
Erzbischof Viktor Busa, Metropolit von Bialystok, Pa-
triarch der westlichen und der östlichen orthodoxen Dia-
spora, Präsident der Republik Danzig (*sic*), Präsident der
demokratischen Republik Weißrußland sowie, als Viktor
Timur II., Großkhan von Tatarien und der Mongolei, sodann schließlich ein Internationales Groß-Priorat, gegrün-

det 1971 von Seiner oben erwähnten Königlichen Hoheit Robert Paternò sowie dem Baron Marquis von Alaro, dessen Groß-Protektor dann 1982 ein anderer Paternò wird, nämlich der Chef des Kaiserlichen Hauses Leopardi Tomassini Paternò von Konstantinopel, Erbe des Oströmischen Reiches, als legitimer Nachfolger konsakriert von der Orthodoxen Katholisch-Apostolischen Kirche Byzantinischer Konfession, Marquis von Monteaperto und Pfalzgraf des polnischen Thrones.

1971 erscheint in Malta mein Orden, hervorgegangen aus einer Spaltung des Ordens von Robert Bassaraba. Er steht unter dem Hochprotektorat von S. K. H. Alessandro Licastro Grimaldi Lascaris Comnenos Ventimiglia, Duc de La Chastre, Prince Souverain et Marquis de Déols, und sein Großmeister ist gegenwärtig der Marchese Carlo Stivala di Flavigny, der nach dem Tod Licastros einen gewissen Pierre Pasleau »assoziiert« hat, welchselbiger nun die Titel Licastros führt, zusätzlich zu denen Seiner Grandezza des Erzbischofs und Patriarchen der Orthodoxen Katholischen Kirche Belgiens, Großmeister des Souveränen Militärischen Ordens vom Tempel zu Jerusalem sowie Großmeister und Hierophant des Universellen Maurerischen Ordens nach den Vereinigten Orientalischen, Alten und Primitiven Riten von Memphis und Mizraim.

Ich habe das Buch wieder ins Regal gestellt. Es enthält vielleicht ebenfalls falsche Informationen. Aber ich habe begriffen, daß man zu irgendeinem Verein gehören muß, um sich nicht als fünftes Rad am Wagen vorzukommen. Die Freimaurerloge P2 ist aufgelöst, dem Opus Dei fehlt es an Exklusivität, und am Ende ist man in jedermanns Mund. So fiel meine Wahl auf die Italienische Blockflötengesellschaft. Die Einzige, Wahre, Alte und Angenommene.

(1986)

Wie man im Flugzeug speist

Auf einer Flugreise vor ein paar Jahren (Amsterdam hin und zurück) habe ich zwei Krawatten von Brooks Brothers, zwei Burberry-Hemden, zwei Bardelli-Hosen, ein Tweed-Jackett aus der Bond Street und eine Krizia-Weste eingebüßt.

Denn auf internationalen Flügen herrscht bekanntlich der schöne Brauch, ein Menu zu servieren. Man kennt das, die Sitze sind eng, die Klapptischchen ebenfalls, und das Flugzeug macht gelegentlich Sprünge. Überdies sind die Servietten in Flugzeugen winzig, sie lassen den Bauch unbedeckt, wenn man sie in den Kragen schiebt, und die Brust, wenn man sie auf den Schoß legt. Der gesunde Menschenverstand gebthe, kompakte und nicht schmutzende Speisen zu servieren. Es müssen nicht unbedingt Enervit-Täfelchen sein. Kompakte Speisen sind Wiener bzw. Mailänder Schnitzel, Gegrilltes, Käse, Pommes frites und Brathähnchen. Schmutzende Speisen sind Spaghetti mit Tomatensoße, Melanzane alla Parmigiana, frisch aus dem Ofen kommende Pizzen und heiße Brühen in Tassen ohne Henkel.

Nun besteht jedoch das typische Menü in einem Flugzeug aus sehr durchgebratenem Fleisch in brauner Soße, großzügigen Portionen gekochter Tomaten, feingeschnittenem und in Wein ersäuftem Gemüse, Reis und Erbsen im eigenen Saft. Erbsen sind bekanntlich ungreifbare Objekte – weshalb selbst die besten Köche unfähig sind, gefüllte Erbsen zuzubereiten –, besonders wenn man sich darauf versteift, sie mit der Gabel zu essen, wie es die Etikette verlangt, und nicht mit dem Löffel. Sage hier keiner, die Chinesen seien noch schlimmer, ich versichere, es ist leichter, eine Erbse mit zwei Stäbchen zu fassen als mit einer Gabel. Es erübrigt sich auch der Hinweis, daß man die Erbsen mit der Gabel nicht aufpiekt, sondern aufliest, denn alle Gabeln sind, was ihr Design betrifft, immer nur zu dem einzigen Zweck gestaltet, die Erbsen, die sie vorgeblich auflesen, fallen zu lassen.

Hinzu kommt, daß die Erbsen im Flugzeug mit schöner Regelmäßigkeit immer nur dann serviert werden, wenn das Flugzeug gerade in eine Turbulenz gerät und der Kapitän empfiehlt, die Sicherheitsgurte anzulegen. Infolge dieser ergonomisch komplexen Operation bleibt den Erbsen mithin nur eine Wahl: Entweder sie landen im Kragen oder im Hosenlatz.

Wie die antiken Fabelerzähler lehrten, bedarf es, um einen Fuchs daran zu hindern, aus einem Becher zu trinken, eines hohen und schmalen Bechers. Die Trinkgefäße in Flugzeugen sind niedrig und breit, praktisch Schüsseln. Versteht sich, daß jedwede Flüssigkeit aufgrund physikalischer Gesetzmäßigkeiten über den Rand schwappt, auch ohne Turbulenz. Das Brot ist kein französisches Baguette, das man, auch wenn es frisch ist, mit den Zähnen zerreißen muß, sondern ein speziell angefertigtes Backwerk, das bei der geringsten Berührung in eine Wolke feinsten Pulvers zerstiebt. Gemäß dem Prinzip von Lavoisier verschwindet dieses Pulver nur scheinbar: Bei der Ankunft entdeckt man, daß es sich zur Gänze unter dem Allerwertesten versammelt hat, um einem die Hosen auch hinterrücks zu verkleben. Das Dessert ist entweder krümelig wie ein Baiser und zerstiebt mit dem Brot, oder es tropft einem sofort auf die Finger, wenn die Serviette längst voller Tomatensoße und folglich nicht mehr zu gebrauchen ist.

Bleibt das Erfrischungstüchlein, gewiß. Aber es ist nicht

von den Salz- und Pfeffer- und Zuckertütchen zu unterscheiden, weshalb es, nachdem man den Zucker in den Salat gestreut hat, bereits im Kaffee gelandet ist, der kochendheiß serviert wird, in einer randvollen Tasse aus wärmeleitendem Material, die einem leicht aus den verbrühten Fingern gleitet, so daß er sich mit der nun schon geronnenen Soße rings um den Gürtel vereint. In der Business Class wird einem der Kaffee direkt in den Schoß gegossen, von einer Hostess, die sich auf Esperanto entschuldigt.

Sicher rekrutieren die Fluglinien ihre Restaurateure aus dem Kreis jener Hotelfachleute, die nur jenen Kannentyp dulden, der den Kaffee, statt ihn in die Tasse zu gießen, zu achtzig Prozent auf dem Tischtuch verschüttet. Aber warum? Höchstwahrscheinlich will man den Reisenden das Gefühl von Luxus geben und nimmt an, daß sie jene Hollywoodfilme gesehen haben, in denen Nero stets aus breitrandigen Kelchen trinkt, die ihm den Bart und die Tunika vollkleckern, und wo die Barockfürsten saftige Schenkel abnagen, von denen der Saft auf ihr Spitzenhemd trieft, während sie pralle Kurtisanen umarmen.

Doch warum werden dann in der Ersten Klasse, wo der Platz geräumig ist, kompakte Speisen serviert, wie cremiger russischer Kaviar auf gebuttertem Toast, geräucherter Lachs und Langustenscheiben in Öl und Zitrone? Vielleicht weil in den Filmen von Luchino Visconti die Nazi-Aristokraten »Erschießt ihn!« sagen, während sie sich genüßlich eine einzelne Weintraube in den Mund schieben?

Wie man über die Tiere spricht

Wer auf Aktuelles erpicht ist, sei gewarnt, das Folgende hat sich bereits vor einiger Zeit in New York zugetragen. Central Park, zoologischer Garten. Einige Kinder spielen beim Becken der Eisbären. Einer der Jungen fordert die anderen heraus, ins Becken zu springen und zwischen den Bären hindurchzuschwimmen; um die Freunde ins Wasser zu treiben, versteckt er ihnen die Kleider, die Jungs tauchen ein, plantschen um einen friedlich dösenden riesigen Bären herum, necken und foppen ihn, der Bär wird ärgerlich, hebt eine Tatze und verschlingt oder vielmehr zerfleischt zwei Kinder, die Reste läßt er zerstückelt liegen. Die Polizei kommt herbeigeeilt, sogar der Bürgermeister erscheint, man diskutiert, ob der Bär getötet werden muß, man gibt zu, daß es nicht seine Schuld war, es werden ein paar eindrucksvolle Artikel geschrieben. Sieh da, die Kinder hatten spanische Namen: Puertoricaner also, womöglich dunkelhäutige, vielleicht vor kurzem erst angekommen, jedenfalls erpicht auf Bravourstücke, wie es bei allen Jugendlichen vorkommt, die sich in den Armenvierteln zu Banden zusammenrotten.

Diverse Kommentare, alle eher streng. Recht verbreitet die zynische Reaktion, zumindest verbal: natürliche Auslese, wenn die so blöd waren, neben einem Bären zu schwimmen, geschieht's ihnen recht, ich wäre nicht mal als Fünfjähriger in das Becken gesprungen. Soziale Interpretation: große Armut, geringe Bildung, leider ist man Subproletarier auch im Mangel an Vorsicht und Besonnenheit ... Aber wieso geringe Bildung, was heißt hier Mangel an Erziehung, wenn auch das ärmste Kind heute fernsieht und die Schulbücher liest, in denen die Bären Menschen fressen und von den Jägern getötet werden?

An diesem Punkt habe ich mich gefragt, ob die Kinder nicht gerade deshalb ins Becken gesprungen sind, *weil* sie dem Fernsehen glaubten und zur Schule gingen. Vermutlich sind sie Opfer unseres schlechten Gewissens geworden, wie es von Schule und Massenmedien interpretiert wird.

Die Menschen waren seit jeher grausam zu den Tieren, und als sie sich ihrer Niedertracht bewußt wurden, haben sie angefangen, wenn nicht alle Tiere zu lieben (denn sie fahren unbeirrt fort, sie zu verspeisen), so doch wenigstens gut über sie zu sprechen. Bedenkt man zudem, daß die Medien, die Schule, die öffentlichen Institutionen sich vieles vergeben lassen müssen, was sie den Menschen angetan haben, so wird es alles in allem lohnend, in psychologischer wie in ethischer Hinsicht, nun auf der Güte der Tiere zu beharren. Man läßt die Kinder der dritten Welt verhungern, aber man fordert die Kinder der ersten Welt auf, nicht nur Libellen und Häschen zu respektieren, sondern auch Wale, Krokodile und Schlangen.

Wohlgemerkt, an sich ist dieser pädagogische Ansatz richtig. Das Falsche ist die Überredungstechnik, die dazu benutzt wird: Um es die Tiere »wert sein« zu lassen, daß sie überleben, werden sie vermenschlicht und verniedlicht. Man sagt nicht, daß sie ein Recht zum Überleben haben, auch wenn sie ihrer Natur nach wild und räuberisch sind, sondern man macht sie respektabel, indem man sie als liebenswert, komisch, gutmütig, brav, geduldig und weise hinstellt.

Niemand ist unbesonnener als ein Lemming, tückischer als eine Katze, geifernder als ein Hund im August, stinkender als ein Ferkel, hysterischer als ein Pferd, idiotischer als ein Nachtfalter, schleimiger als eine Schnecke, giftiger als eine Viper, phantasieloser als eine Ameise und musikalisch einfallsloser als eine Nachtigall. Es gilt lediglich, diese und andere Tiere als das zu lieben, was sie sind – und wenn wir sie beim besten Willen nicht lieben können, sie wenigstens in ihrer Eigenart zu respektieren. Die Legenden von ehedem übertrieben es mit dem bösen Wolf, die Legenden von heute übertreiben es mit den guten Wölfen. Nicht weil sie gut sind, müssen die Wale gerettet werden, sondern weil sie Teil des natürlichen Lebens sind und zum ökologischen Gleichgewicht beitragen. Aber unsere Kinder erziehen wir mit Geschichten von sprechenden Walen, von Wölfen, die in den Dritten Orden der Franziskaner eintreten, und vor allem mit Teddybären ohne Ende.

Die Werbung, die Zeichentrickfilme, die Kinderbücher sind voll von gutmütigen, kreuzbraven, kuschelweichen und beschützenden Bären. Deshalb, fürchte ich, sind die armen Kinder vom Central Park nicht aus Mangel, sondern aus Übermaß an Erziehung gestorben. Sie sind Opfer unseres unglücklichen Bewußtseins. Um sie vergessen zu machen, wie schlecht die Menschen sind, hat man ihnen zu oft erzählt, daß die Bären gut seien. Anstatt ihnen ehrlich zu sagen, was die Menschen und was die Bären sind.

(1987)

Wie man ein Vorwort schreibt

Ziel vorliegenden Streichholzbriefes ist zu erklären, wie man ein Vorwort gestaltet. Ein Vorwort zu einem Aufsatzband, einer philosophischen Abhandlung, einer Sammlung wissenschaftlicher Studien, nach Möglichkeit publiziert in einem seriösen Verlag oder einer Schriftenreihe von universitärer Dignität und gemäß den heute üblichen Regeln der akademischen Etikette.

In den folgenden Abschnitten werde ich darlegen, sei's auch in geraffter Form, warum man ein Vorwort schreiben muß, was es enthalten soll und wie die Danksagungen zu gestalten sind. Die Gewandtheit im Formulieren der Danksagungen charakterisiert den Wissenschaftler von Rang. Es kann vorkommen, daß ein Wissenschaftler am Ende seiner Arbeit entdeckt, daß er niemandem Dank schuldet. Macht nichts, dann muß er Dankesschulden erfinden. Eine Forschung ohne Dankesschulden ist suspekt, und irgendwem hat man immer irgendwas zu verdanken.

Von unschätzbarem Wert bei der Abfassung dieses Streichholzbriefes war mir die langjährige Vertrautheit mit der wissenschaftlichen Publizistik, in die mich das Ministerium für Öffentliches Unterrichtswesen der Republik Italien, die Universitäten Turin und Florenz, das Mailänder Polytechnikum, die Universität Bologna, die New York University, die Yale University und die Columbia University eingeführt haben.

Ich hätte diesen Streichholzbrief nicht ohne die wertvolle Mithilfe der Signora Sabina zum Abschluß gebracht, der ich den Umstand verdanke, daß mein Arbeitszimmer, das sich um zwei Uhr nachts in einen einzigen Haufen stinkender

Kippen und zerknüllten Papiers verwandelt hat, am nächsten Morgen wieder in einem akzeptablen Zustand ist.

Einen besonderen Dank schulde ich den Damen Barbara, Simona und Gabriella, die hart gearbeitet haben, um zu gewährleisten, daß meine der Reflexion gewidmete Zeit nicht durch Telefonate aus Übersee mit Einladungen zu Kongressen über die verschiedensten und meinen Interessen fernsten Themen gestört worden ist.

Dieser Streichholzbrief wäre nicht möglich gewesen ohne den unermüdlichen Beistand meiner Frau, die es verstanden hat und versteht, die Launen und Unbeherrschtheiten eines fortwährend von den größten Problemen des Seins besessenen Forschers zu ertragen und mit beruhigenden Hinweisen auf die Eitelkeit allen Strebens zu dämpfen. Die Beständigkeit, mit der sie mir Apfelsäfte anbot, die sie für raffinierte schottische Malt-Whiskys ausgab, hat über die Maßen und über alle belegbare Glaubwürdigkeit hinaus dazu beigetragen, daß diesen Zeilen noch ein Minimum an Luzidität anhaftet.

Meine Kinder sind mir ein großer Trost gewesen, sie haben mir die Energie und das Selbstvertrauen gegeben, meine Aufgabe glücklich zu Ende zu führen. Ihrem gänzlichen und olympischen Desinteresse an meiner Arbeit verdanke ich die Kraft, die es mir erlaubt hat, diesen Streichholzbrief in einem tagtäglichen corps-à-corps mit der Definition der Rolle des homme de culture in einer postmodernen Gesellschaft abzuschließen. Ihnen verdanke ich den zähen Willen, der mich stets erfüllt und getragen hat, mich in mein Arbeitszimmer zurückzuziehen und diese Kolumne zu schreiben, um nicht auf dem Flur ihren besten Freunden zu begegnen, deren Friseure ästhetische Kriterien befolgen, gegen die meine Sinne und mein Geschmack revoltieren.

Die Publikation dieses Textes (in seiner Originalform)

wurde ermöglicht durch die Großzügigkeit und die ökonomische Unterstützung der Herren Carlo Caracciolo, Lio Rubini, Eugenio Scalfari, Livio Zanetti, Marco Benedetto und der anderen Mitglieder des Verwaltungsrates der Editoriale L'Espresso SpA. Besonderer Dank sei der Verwaltungsdirektorin Milvia Fiorani gesagt, die mit ihren fortgesetzten monatlichen Überweisungen für die Fortsetzung meiner Studien gesorgt hat. Wenn dieser mein bescheidener Beitrag viele Leser erreichen kann, so verdanke ich das dem Vertriebsleiter Guido Ferrantelli. (Entsprechende Danksagungen gelten den entsprechenden Verantwortlichen für die Übersetzung und Publikation dieses Streichholzbriefes in der *Zeit* und im Hanser Verlag.

Die Niederschrift dieses Beitrags ist von der Firma Olivetti begünstigt worden, die mir einen Computer M 21 geliefert hat. Ein besonderes Zeichen des Dankes gebührt der MicroPro für ihr Programm Wordstar 2000. Gedruckt worden ist der Text von einer Okidata Microline 182.

Ich hätte die folgenden und die vorausgegangenen Zeilen nicht schreiben können ohne die freundliche Insistenz und Ermunterung seitens der Redakteure Dr. Giovanni Valentini, Dr. Enzo Golino und Dr. Ferdinando Adornato, die mir in täglichen liebenswürdigen und drängenden Anrufen Mut zusprachen, indem sie mich darauf hinwiesen, daß der *Espresso* in Druck gehen und ich um jeden Preis ein Thema für den vorliegenden Streichholzbrief finden müsse. Selbstverständlich ist alles, was unter diesem Titel erscheint, nicht ihrer wissenschaftlichen Verantwortung zuzuschreiben, sondern im Zweifel allein und ausschließlich meinem Verschulden an den vergangenen, dem gegenwärtigen und den künftigen Streichholzbriefen.

(1987)

Wie man im Fernsehen moderiert

Es war eine faszinierende Erfahrung, als die Akademie der Wissenschaften von Spitzbergen mich einlud, einige Jahre lang die Sitten und Bräuche der Bonga zu studieren, eine Zivilisation, die zwischen der Terra incognita und den Inseln der Seligen blüht.

Die Bonga machen alles genauso wie wir, nur legen sie ein sehr eigenartiges Verhalten im Hinblick auf die Vollständigkeit der Information an den Tag. Sie ignorieren die Kunst der stillschweigenden Voraussetzung und der Implikation.

Zum Beispiel fangen wir einfach an zu reden und benutzen dabei natürlich Wörter, aber wir müssen es nicht ausdrücklich sagen. Ein Bonga dagegen, der einem anderen Bonga etwas mitteilen will, sagt zuvor: »Paß auf, jetzt rede ich und werde Wörter benutzen.« Wir bauen Mietshäuser und beschriften sie für die Besucher (es sei denn, wir sind Japaner) mit Hausnummern, schreiben die Namen der Mieter an die Tür und bezeichnen die Treppenaufgänge mit A und B. Die Bonga schreiben auf jedes Haus zunächst einmal »Haus«, sodann bezeichnen sie mit kleinen Schildern die Ziegelsteine, die Türklingel und so weiter und schreiben »Tür« neben die Tür. Wenn wir bei einem Bonga klingeln, öffnet er die Tür mit den Worten: »Jetzt öffne ich die Tür« und stellt sich dann vor. Wenn er uns zum Essen einlädt, bittet er uns zu Tisch, weist uns die Plätze an und sagt: »Das ist der Eßtisch, das sind die Stühle.« Dann verkündet er stolz: »Und jetzt kommt die Köchin. Da ist sie, das ist Rosina. Rosina wird Sie jetzt fragen, was Sie zu speisen wünschen, und dann wird sie Ihnen das gewünschte Gericht auftischen.« Das gleiche geschieht in den Restaurants.

Kurios zu beobachten sind die Sitten und Bräuche der Bonga im Theater. Wenn das Licht im Saal ausgegangen ist, erscheint ein Schauspieler und sagt: »Jetzt fängt es an, jetzt hebt sich der Vorhang.« Der Vorhang hebt sich, und auf der Bühne erscheinen andere Schauspieler, um beispielsweise *Hamlet* oder den *Eingebildeten Kranken* zu spielen. Aber zunächst wird jeder Schauspieler dem Publikum vorgestellt, erst mit seinem richtigen Namen und Vornamen, dann mit dem Namen der Figur, die er spielen soll. Hat ein Schauspieler zu Ende gesprochen, so sagt er: »Jetzt schweige ich eine Zeitlang.« Es vergehen ein paar Sekunden, und dann beginnt der andere Schauspieler zu sprechen. Müßig zu sagen, daß am Ende jeden Aktes ein Schauspieler an die Rampe tritt und sagt: »Es folgt jetzt eine Pause.«

Frappiert hatte mich, daß ihre Singspiele und Operetten zwar genau wie bei uns aus kurzen Sprechszenen, Arien, Duetten und Balletteinlagen bestehen. Aber wir sind es gewohnt, daß zum Beispiel zwei Komödianten ihre Sprechszene spielen, dann fängt einer an, eine Arie zu singen, dann gehen beide ab, und ein Schwarm anmutiger Mädchen kommt auf die Bühne gehüpft, um ein kleines Ballett zu tanzen, damit der Zuschauer sich ein bißchen entspannen kann, dann ist das Ballett zu Ende, und die Schauspieler fangen wieder an. Bei den Bonga dagegen kündigen die beiden Schauspieler erst einmal an, daß jetzt eine komische Szene folgen wird, danach sagen sie, daß sie jetzt ein Duett singen werden, und präzisieren, daß es scherzhaft sein wird, schließlich verkündet der letzte Schauspieler auf der Bühne: »Und jetzt kommt ein Ballett.« Am meisten überrascht hatte mich, daß während der Pause auf dem Vorhang

Reklametexte erscheinen, wie es auch bei uns vorkommt, aber nachdem er die Pause angekündigt hat, sagt der Schauspieler stets: »Und jetzt Werbung.«

Ich hatte mich lange gefragt, was die Bonga wohl zu diesem obsessiven Bedürfnis nach Präzisierung treiben mochte. Vielleicht, sagte ich mir, sind sie etwas schwer von Begriff, und wenn einer nicht sagt: »Jetzt begrüße ich dich«, kapieren sie nicht, daß sie begrüßt werden. Und teilweise muß es wohl auch so sein. Aber der wahre Grund ist ein anderer. Die Bonga leben im Kult des Spektakels, und deshalb müssen sie alles zu einem Spektakel machen, auch das Implizite.

Während meines dortigen Aufenthaltes hatte ich auch Gelegenheit, die Geschichte des Beifalls bei den Bonga zu rekonstruieren. In den alten Zeiten applaudierten die Bonga aus zwei Gründen: entweder aus Freude über ein schönes Schauspiel oder um eine besonders hochverdiente Person zu ehren. An der Stärke des Beifalls konnte man ablesen, wie geschätzt und beliebt einer war. Allmählich begannen gewitzte Theaterchefs, um das Publikum von der Qualität eines Schauspiels zu überzeugen, bezahlte Claqueure im Parkett zu verteilen, die applaudieren sollten, auch wenn kein Anlaß dazu bestand. Später, als dann die Fernsehshows aufkamen, holte man Freunde und Angehörige der Veranstalter in den Studiosaal und bedeutete ihnen durch ein Lichtsignal (das die Zuschauer nicht sehen konnten), wann sie klatschen sollten. Doch die Fernsehzuschauer hatten den faulen Trick bald durchschaut, und damit wäre bei uns der Applaus natürlich erledigt gewesen. Nicht so bei den Bonga.

Auch das Publikum an den Fernsehgeräten zu Hause wollte nun seinen Beifall bekunden, und so präsentierten sich Scharen von Bonga freiwillig in den Studios, bereit, dafür zu bezahlen, daß sie in die Hände klatschen durften. Manche gingen sogar in eigens eingerichtete Kurse. Und da nun alle über alles im Bilde waren, sagte der Moderator selbst an den richtigen Stellen laut und vernehmlich: »Und jetzt einen schönen Applaus!« Aber bald begannen die Zuschauer im Saal, auch ohne Aufforderung durch den Moderator zu applaudieren. Es genügte, daß er einen Mitwirkenden nach seinem Beruf fragte und der Betreffende sagte: »Ich betreue die Gaskammer des städtischen Hundezwingers«, und schon brachen alle in stürmischen Beifall aus. Manchmal brauchte der Moderator bloß den Mund aufzumachen, um »Guten Abend« zu sagen, und frenetische Ovationen übertönten das letzte Wort. Dann sagte der Moderator: »Da sind wir wieder, wie jeden Donnerstag«, und die Zuschauer klatschten nicht nur wie besessen, sondern wieherten, daß ihre Kinnladen sich verrenkten.

Der Beifall wurde so unverzichtbar, daß man sogar in den Werbespots, wenn der Sprecher ausrief: »Kauft das Abmagerungsmittel Pip«, einen ozeanisch aufbrausenden Beifall hörte. Die Zuschauer an den Fernsehgeräten wußten sehr wohl, daß im Saal vor dem Sprecher niemand saß, aber sie brauchten den Applaus, sonst wäre ihnen die Sendung künstlich vorgekommen, und dann hätten sie das Programm gewechselt. Die Bonga verlangen vom Fernsehen, daß es das wahre Leben zeigt, so wie es ist, ohne Vortäuschungen. Die Beifallsgeräusche macht das Publikum (also Leute wie wir), nicht der Schauspieler (der etwas vortäuscht), und daher sind sie die einzige Garantie, daß das Fernsehen ein geöffnetes Fenster zur Welt ist. Zur Zeit wird eine Sendung ausschließlich mit applaudierenden Schauspielern vorbereitet, und sie soll »Televeritas« heißen.

Um sich im Leben verankert zu fühlen, applaudieren die

Bonga jetzt immer und überall, nicht nur im Fernsehen. Sie applaudieren sogar auf Beerdigungen, nicht weil sie zufrieden wären oder um dem Verstorbenen eine Freude zu machen, sondern um sich nicht als Schatten unter Schatten zu fühlen, um sich lebendig und wirklich zu fühlen, real wie die Bilder, die sie auf der Mattscheibe sehen. Einmal war ich bei einer Bonga-Familie zu Gast, als ein Verwandter hereinkam und sagte: »Eben ist Großmama von einem Lastzug überfahren worden!« Alle erhoben sich und klatschten laut in die Hände.

Ich kann nicht sagen, daß die Bonga uns unterlegen wären. Im Gegenteil, einer von ihnen sagte mir, sie hätten vor, die Welt zu erobern. Daß dieses Vorhaben nicht ganz platonisch ist, ging mir jetzt auf, als ich wieder nach Hause kam. Abends stellte ich den Fernseher an und sah einen Quizmaster, der die Assistentinnen seiner Show vorstellte, dann kündigte er an, er werde jetzt einen komischen Monolog halten, schließlich sagte er: »Und jetzt kommt eine Tanzeinlage.« Ein distinguierter Herr, der mit einem anderen distinguierten Herrn über die großen Probleme der Politik diskutierte, unterbrach sich mittendrin und sagte: »Und jetzt machen wir eine Pause für die Werbung.« Einige Entertainer stellten sogar das Publikum vor. Andere die Kamera, von der sie gerade gefilmt wurden. Alle applaudierten.

Verstört eilte ich hinaus und ging in ein Restaurant, das berühmt ist für seine Nouvelle Cuisine. Der Kellner erschien und brachte mir drei Salatblätter. Und sprach: »Dies ist ein Salat aus lombardischem Lattich, bestreut mit feingeschnittener Rauke aus der Lomellina, gewürzt mit Meersalz, eingeweicht in unserem Balsamessig und beträufelt mit dem Saft gepreßter Oliven aus Umbrien.«

Die Bonga sind unter uns.

(1987)

Wie man die vermaledeite Kaffeekanne benutzt

Es gibt verschiedene Arten, einen guten Kaffee zu machen: es gibt den caffè alla napoletana, den Espresso, den türkischen Kaffee, den brasilianischen cafesinho, den französischen café filtre, den amerikanischen Kaffee. Jeder Kaffee ist auf seine Art exzellent. Der amerikanische Kaffee kann eine kochendheiße Brühe sein, serviert in Plastikbechern mit Thermoseffekt, wie er gewöhnlich auf Bahnhöfen zum Zwecke des Völkermords verabreicht wird; aber mit dem *percolator* gemacht, wie man ihn in manchen Privathaushalten oder in bescheidenen Luncheonettes finden kann, serviert zu Rührei und Schinken, ist er köstlich und duftend, man trinkt ihn wie Wasser, und dann fängt einem das Herz zu bumpern an, denn eine Tasse enthält mehr Koffein als vier Täßchen Espresso.

Daneben gibt es den Kaffee als Gesöff. Er besteht in der Regel aus schlecht gewordener Gerste, Totengebein und einigen echten Kaffeebohnen, die sich im Abfall einer Fürsorgestelle für Geschlechtskranke gefunden haben. Man erkennt ihn am unverwechselbaren Geruch von in Abwaschwasser gebadeten Füßen. Serviert wird er in Gefängnissen, in Besserungsanstalten, in Schlafwagen und Luxushotels. Tatsächlich kann man zwar, wenn man im Plaza Majestic, im Maria Jolanda & Brabante oder im Hôtel des Alpes et des Bains absteigt, auch einen echten Espresso bestellen, aber er wird einem aufs Zimmer gebracht, wenn er praktisch schon eine Eisschicht hat. Um solches Mißgeschick zu vermeiden, bestelle man sich ein Continental Breakfast und freue sich auf den Genuß eines ans Bett gebrachten Frühstücks.

Das Continental Breakfast besteht aus zwei Brötchen, einem Croissant, einem Orangensaft in homöopathischen Dosen, einem Butterröllchen, drei Schälchen mit Honig, Heidelbeer- und Aprikosenmarmelade, einer Kanne kalt gewordener Milch, einer Rechnung über hundertfünfzig Mark und einer vermaledeiten Kaffeekanne mit Kaffee-Gesöff. Die von normalen Leuten verwendeten Kannen – oder auch die guten alten Espressokannen, aus denen man sich das duftende Getränk direkt in die Tasse gießt – erlauben den Austritt der Flüssigkeit durch eine feine schnabelförmige Tülle, während der Deckel irgendeine Sicherheitsvorrichtung hat, die ihn geschlossen hält. Das Gesöff, das man im Grand Hotel und im Schlafwagen kriegt, kommt in einer Kanne mit breitem Schnabel – breit wie der eines aus der Art geschlagenen Pelikans – und extrem beweglichem Deckel, der extra so gestaltet ist, daß er, getrieben von einem ununterdrückbaren Horror vacui, automatisch herunterfällt, wenn die Kanne geneigt wird. Dank dieser beiden Vorrichtungen kann die vermaledeite Kaffeekanne sofort ihren halben Inhalt über die Croissants und Marmeladen ergießen und anschließend, wenn der Deckel herunterfällt, den Rest auf die Tischdecke ausschütten. In den Schlafwagen sind diese Kannen von mittelmäßiger Qualität, da die Selbstbewegung des Wagens dem Verschütten des Kaffees zugute kommt, in den Hotels müssen sie aus Porzellan sein, damit der Deckel schön langsam und stetig, aber verhängnisvoll-unaufhaltsam heruntergleitet.

Über Herkunft und Zweck der vermaledeiten Kaffeekanne gibt es zwei Denkschulen. Die Freiburger Schule lehrt, das Gerät erlaube den Hotels zu beweisen, daß die Tischdecken, die man abends vorfindet, seit dem Morgen gewechselt worden sind. Der Schule von Bratislawa zufolge ist der Zweck ein moralischer (vgl. Max Weber, *Die protestantische Ethik und der Geist des Kapitalismus*): Die vermaledeite Kaffeekanne halte davon ab, morgens lange im Bett zu verweilen, da es sehr unangenehm sei, zwischen kaffeegetränkten Laken liegend ein schon in Kaffee getunktes Hörnchen zu essen.

Die vermaledeite Kaffeekanne ist nicht im Handel erhältlich. Sie wird exklusiv für die großen Hotelketten und die Schlafwagengesellschaften hergestellt. In den Gefängnissen wird das Gesöff in Blechnäpfen serviert, da ganz mit Kaffee durchtränkte Laken sich besser der Dunkelheit assimilieren, wenn sie zu Ausbruchszwecken aneinandergeknotet werden.

Die Freiburger Schule rät, den Kellner zu bitten, das Frühstück auf den Nachttisch zu stellen und nicht aufs Bett. Die Schule von Bratislava hält dagegen, so könne man zwar vermeiden, daß der Kaffee sich über die Laken ergieße, nicht aber, daß er beim Austritt aus der Kanne den Pyjama beflecke (den das Hotel nicht täglich zu wechseln bereit ist); auf jeden Fall aber, Pyjama her oder hin, fließe einem der Kaffee, wenn man ihn im Sitzen einzunehmen versuche, direkt auf den unteren Teil des Bauches und in den Schoß, um Verbrennungen dort zu verursachen, wo sie am wenigsten ratsam sind. Diesen Einwand beantwortet die Freiburger Schule mit einem Achselzucken, und das ist offen gesagt keine Art.

(1988)

Wie man seine Zeit nutzt

Wenn ich meinen Zahnarzt anrufe, um einen Termin zu vereinbaren, und er sagt mir, er habe die ganze folgende Woche keine Stunde mehr frei, glaube ich ihm. Er ist ein seriöser Profi. Aber wenn mich jemand zu einer Tagung einlädt, zu einer Diskussion, zur Mitarbeit an einem Sammelband, zur Teilnahme an einer Jury, und ich sage, daß ich keine Zeit habe, glaubt er mir nicht. »Na, na, Herr Professor«, sagt er, »einer wie Sie wird die Zeit schon finden!« Offensichtlich werden wir Geisteswissenschaftler nicht für seriöse Profis gehalten, wir sind Tagediebe.

Ich habe eine Berechnung gemacht. Kollegen, die ähnliche Berufe ausüben, sind eingeladen, dem Beispiel zu folgen und mir dann zu sagen, ob es stimmt. Ein normales Jahr ohne Schalttag hat 8760 Stunden. Acht Stunden Schlaf, ein Stündchen zum Wachwerden und Aufstehen, ein halbes Stündchen zum Auskleiden und das Mineralwasser auf den Nachttisch stellen, nicht mehr als zwei Stunden zum Essen, macht 4170 Stunden. Zwei Stunden im Verkehrsgewühl, macht 730 Stunden.

Bei wöchentlich drei doppelstündigen Vorlesungen und einem Nachmittag Sprechzeit für die Studenten beansprucht die Universität in den rund 20 Wochen, auf die sich der Lehrbetrieb konzentriert, 220 Stunden für reine Didaktik, hinzu rechne ich 24 Stunden für Prüfungen, 12 für Dissertationsbesprechungen sowie 78 für diverse Sitzungen und Konferenzen. Bei einem Jahresdurchschnitt von fünf Dissertationen à 350 Seiten, jede Seite mindestens zweimal gelesen, einmal vor und einmal nach der Überarbeitung, pro Seite rund drei Minuten, komme ich auf 175 Stunden.

Für die Übungstexte will ich, da viele von meinen Mitarbeitern gelesen werden, nur zwei pro Monat rechnen, jeden à 30 Seiten, fünf Minuten pro Seite einschließlich der Vorbesprechungen, macht 60 Stunden. Ohne die Forschung komme ich damit auf insgesamt 5469 Stunden.

Ich gebe eine semiotische Fachzeitschrift, *Versus*, heraus, die jährlich in drei Nummern mit insgesamt 300 Seiten erscheint. Ohne die Lektüre der abgelehnten Manuskripte zu rechnen, komme ich, wenn ich jeder Seite zehn Minuten widme (vom Beurteilen über die Revision bis zur Fahnenkorrektur), auf 50 Stunden. Ferner kümmere ich mich um zwei wissenschaftliche Buchreihen, in denen pro Jahr sechs Bücher erscheinen mit zusammen rund 1800 Seiten. Pro Seite zehn Minuten, macht weitere 300 Stunden. Für durchzusehende Übersetzungen meiner Bücher, Essays, Artikel, Kongreßbeiträge veranschlage ich, wobei ich nur die Sprachen in Betracht ziehe, die ich kontrollieren kann, im Jahresdurchschnitt 1500 Seiten zu je 20 Minuten (Lektüre, Überprüfung am Original, Diskussion mit dem Übersetzer, persönlich, telefonisch oder brieflich), macht 500 Stunden. Dann die neuen Schriften. Auch wenn ich kein Buch schreibe, komme ich mit Aufsätzen, Vorträgen, Vorlesungsskripten leicht auf 300 Seiten im Jahr. Rechnen wir pro Seite, vom Überlegen, Entwerfen, Ausformulieren und Tippen bis zum Korrekturlesen, mindestens eine Stunde, macht 300 Stunden. Allein die Streichholzbriefe kosten mich, optimistisch gerechnet, mit Themensuche, Notizen, Konsultationen diverser Bücher, Schreiben, Zusammenstreichen auf das gewünschte Format, Abschicken oder telefonisch Diktieren, pro Stück drei Stunden: mal 52 Wochen, sind 156 Stunden. Die Post schließlich, der ich pro Woche drei Vormittage widme, ohne sie zu bewältigen, nimmt 624 Stunden in Anspruch.

Für auswärtige Termine habe ich 1987, obwohl ich nur zehn Prozent der Einladungen angenommen und mich auf strikt fachbezogene Kongresse, Präsentationen eigener Arbeiten und der meiner Mitarbeiter sowie auf unumgängliche Anwesenheiten (akademische Feiern, ministeriell einberufene Sitzungen) beschränkt habe, insgesamt 372 Stunden effektiver Präsenz aufgewandt (tote Zeiten nicht mitgerechnet). Da viele Verpflichtungen im Ausland waren, habe ich 323 Stunden für Reisen veranschlagt. Dabei ist zu bedenken, daß ein Flug Mailand-Rom, mit Taxi zum Flughafen, Wartezeit, Taxi in Rom, Einquartierung im Hotel und Fahrt zum Veranstaltungsort, mindestens vier Stunden beansprucht. Ein Flug nach New York mindestens 12 Stunden.

Zusammen ergibt das 8094 Stunden. Subtrahiert man sie von den 8760 Stunden, die das Jahr hat, bleibt ein Rest von 666 Stunden, das heißt eine Stunde und 49,5 Minuten pro Tag, die ich verwendet habe auf: Sex, Austausch mit Freunden und Familienangehörigen, Begräbnisse, Arztbesuche, Einkäufe, Sport und Spektakel. Wie man sieht, habe ich nicht die Zeit zur Lektüre des gedruckten Materials mitgerechnet (Bücher, Artikel, Comics). Unter der Annahme, daß ich diese Lektüre während der Reisen bewältigt habe, also in den dafür angesetzten 323 Stunden, habe ich, wenn ich pro Seite fünf Minuten rechne (mit Notizen) insgesamt 3876 Seiten lesen können, also lediglich 12,92 Bücher zu je 300 Seiten. Und das Rauchen? 60 Zigaretten pro Tag, eine halbe Minute vom Herausfingern aus der Schachtel bis zum Ausdrücken der Kippe, macht 182 Stunden. Die habe ich nicht. Ich muß das Rauchen aufgeben.

(1988)

Wie man mit Taxifahrern umgeht

Sobald man in ein Taxi steigt, ergibt sich das Problem der korrekten Interaktion mit dem Fahrer. Der Taxifahrer ist ein Mensch, der den ganzen Tag lang im Stadtverkehr Auto fährt – eine Tätigkeit, die entweder zum Herzinfarkt oder zum Nervenzusammenbruch führt –, wobei er ständig in Konflikt mit anderen Auto fahrenden Menschen gerät. Infolgedessen ist er nervös und haßt jedes anthropomorphe Wesen. Weshalb die linke Schickeria gerne behauptet, alle Taxifahrer seien Faschisten. Das stimmt aber nicht, der Taxifahrer interessiert sich nicht für ideologische Fragen: Er haßt Gewerkschaftskundgebungen, aber nicht wegen ihrer politischen Farbe, sondern weil sie den Verkehr verstopfen. Er würde auch einen Umzug der Neofaschisten hassen. Er wünscht sich nur eine starke Regierung, die alle privaten Autofahrer an die Wand stellt und eine vernünftige Ausgangssperre von sechs Uhr morgens bis Mitternacht verhängt. Er ist frauenfeindlich, aber nur gegenüber Frauen, die ausgehen. Wenn sie zu Hause bleiben und Spaghetti kochen, erträgt er sie.

Der italienische Taxifahrer zerfällt in drei Kategorien. In den, der solche Ansichten während der ganzen Fahrt zum besten gibt, in den, der verbissen schweigt und seinen Menschenhaß nur durch seinen Fahrstil ausdrückt, und in den, der seine Anspannung in reine Erzählfreude auflöst und ununterbrochen erzählt, was ihm alles mit anderen Kunden widerfahren ist. Es handelt sich um Anekdoten ohne jede gleichnishafte Bedeutung, die, würden sie in einer Kneipe erzählt, den Wirt veranlassen müßten, den Erzähler mit dem Hinweis, es sei nun Zeit, ins Bett zu gehen, hinauszukomplimentieren. Aber der Taxifahrer hält sie für kurios und voller Überraschungen, und man tut gut daran, sie mit häufigen »Also nein, was für Leute es gibt! Na so was! Und das ist Ihnen wirklich passiert?« zu kommentieren. Solcherlei Anteilnahme erlöst zwar den Taxifahrer nicht von seinem narrativen Autismus, aber sie gibt einem ein besseres Gefühl.

In New York bringt man sich als Italiener in Gefahr, wenn man, nachdem man auf dem Namensschild einen Namen wie De Cutugnatto, Esippositto oder Perquocco gelesen hat, seine eigene Herkunft enthüllt. Dann nämlich beginnt der Fahrer eine nie gehörte Sprache zu sprechen und ist sehr beleidigt, wenn man ihn nicht versteht. Man muß ihm sofort auf englisch sagen, man spreche nur die Mundart des eigenen Dorfes. Er ist sowieso überzeugt, daß die Nationalsprache bei uns inzwischen das Englische sei. Im allgemeinen haben jedoch die New Yorker Taxifahrer entweder einen jüdischen oder einen nichtjüdischen Namen. Die mit jüdischem Namen sind reaktionäre Zionisten, die mit nichtjüdischem reaktionäre Antisemiten. Sie äußern keine Meinung, sie verlangen ein Pronunciamento. Schwierig ist der Umgang mit denen, auf deren Schild man einen irgendwie nahöstlich oder russisch klingenden Namen liest, ohne zu wissen, ob es ein jüdischer ist oder nicht. Um Ärger zu vermeiden, sagt man besser, man habe sich's anders überlegt und wolle nicht mehr zur Ecke Siebte Avenue / Vierzehnte Straße, sondern zur Charlton Street. Dann wird der Fahrer böse, hält an und nötigt Sie auszusteigen, denn New Yorker Taxifahrer kennen nur die Straßen mit Nummern und nicht die mit Namen.

Pariser Taxifahrer kennen dagegen überhaupt keine Straße. Wenn Sie von einem verlangen, er solle Sie zur Place Saint-Sulpice bringen, setzt er Sie am Odéon ab und sagt, von hier aus wisse er nicht weiter. Aber zuvor beklagt er sich lange mit vielen »Ah, ça Monsieur, alors...« über Ihren Wunsch. Auf die Anregung, er könne ja mal in seinem Stadtplan nachsehen, gibt er entweder keine Antwort, oder er gibt Ihnen zu verstehen, wenn Sie eine topographische Auskunft wünschten, müßten Sie sich an einen in Paläographie bewanderten Archivar der Sorbonne wenden. Eine besondere Kategorie sind die Orientalen: Mit äußerster Höflichkeit sagen sie Ihnen, Sie bräuchten sich keine Sorgen zu machen, das werde man gleich gefunden haben, fahren dann dreimal den Ring der großen Boulevards ab und fragen Sie schließlich, was für einen Unterschied es denn mache, wenn Sie nun zur Gare du Nord statt zur Gare de l'Est gebracht worden seien, wo es doch in beiden Züge gebe.

In New York kann man Taxis nicht telefonisch bestellen, außer man ist Mitglied in einem Club. In Paris kann man es. Nur daß sie dann nicht kommen. In Stockholm kann man sie *nur* telefonisch bestellen, denn dort trauen sie keinem Fremden, der am Straßenrand winkt. Doch um die Telefonnummer zu erfahren, muß man ein vorbeikommendes Taxi anhalten, und die, wie gesagt, trauen Ihnen nicht.

Die deutschen Taxifahrer sind freundlich und korrekt, sie reden nicht, sie drücken nur aufs Gas. Wenn man am Ende aussteigt, weiß wie die Wand, begreift man, warum sie anschließend zur Erholung nach Italien kommen, wo sie mit sechzig auf der Überholspur vor uns herfahren.

Läßt man jedoch einen Frankfurter Taxifahrer mit Porsche und einen aus Rio mit verbeultem VW um die Wette fahren, so kommt der aus Rio als erster an, auch weil er an den Ampeln nicht hält. Täte er es, würde ein anderer verbeulter VW neben ihm halten, besetzt mit Halbwüchsigen, die blitzschnell die Hand ausstrecken und Ihnen die Armbanduhr abnehmen.

Überall gibt es ein unfehlbares Mittel, einen Taxifahrer zu erkennen: Er ist immer derjenige, der nie herausgeben kann.

(1988)

Wie man die Uhrzeit nicht weiß

Die Uhr, deren Beschreibung ich lese (eine Patek Philippe Kaliber 89) ist eine Taschenuhr mit doppeltem Gehäuse aus achtzehnkarätigem Gold und mit dreiunddreißig Funktionen. Das Magazin, das sie vorstellt, nennt den Preis nicht, ich nehme an, aus Platzmangel (dabei würde es doch genügen, nur die Millionen anzugeben). Von einer tiefen Frustration erfaßt, bin ich hingegangen, um mir eine neue Casio für fünfundsiebzig Mark zu kaufen – wie einer, der sich im glühenden Wunsch nach einem Ferrari verzehrt, zur Abkühlung schließlich hingeht, um sich wenigstens einen Radiowecker zu kaufen. Im übrigen müßte ich, um eine Taschenuhr tragen zu können, mir auch eine zum Anzug passende Weste erstehen.

Allerdings könnte ich, habe ich mir gesagt, die Uhr ja auch auf den Tisch legen. Ich würde Stunden um Stunden damit verbringen, den Tag des Monats und den der Woche zu wissen, den Monat, das Jahr, das Jahrzehnt, das Jahrhundert, das nächste Schaltjahr, die Minuten und Sekunden der Sommerzeit, die Stunde, die Minuten und Sekunden einer anderen Zeitzone nach Wahl, die Temperatur, die Sternzeit, die Mondphasen, die Zeit des Sonnenaufgangs und -untergangs, die Zeitgleichung, die Stellung der Sonne im Tierkreis, zu schweigen von all dem anderen, womit ich mich vergnügen könnte, endlos erschauernd über der kompletten und beweglichen Darstellung des Sternhimmels oder die Zeit stoppend oder sie »raffend« in den verschiedenen Sichtfenstern des Chronometers und der Stoppuhr, nach vorheriger Festlegung mittels des eingebauten Wekkers, wann ich damit aufhören will. Ich habe vergessen: ein spezielles Zeigerchen würde mir die Batterieladung anzeigen. Und noch etwas habe ich vergessen: Wenn ich wollte, könnte ich auch erfahren, wie spät es ist. Aber wozu?

Wenn ich dieses Wunderwerk besäße, wäre ich nicht daran interessiert zu wissen, daß es zehn nach zehn ist. Ich würde eher den Auf- und Untergang der Sonne belauern (und das könnte ich auch in einer Dunkelkammer tun), würde mich über die Temperatur informieren, würde Horoskope erstellen, würde tagsüber vor dem blauen Fenster den Sternen nachträumen, die ich nachts würde sehen können, aber die Nacht damit verbringen, über die viele Zeit nachzusinnen, die uns noch von Ostern trennt. Mit einer solchen Uhr braucht man nicht mehr auf die äußere Zeit zu achten, denn man müßte sich ja das ganze Leben lang mit der Uhr beschäftigen, und die Zeit, von der sie berichtet, würde sich aus einem reglosen Bild der Ewigkeit in eine tätige Ewigkeit verwandeln, oder aber die Zeit wäre nur eine märchenhafte Halluzination, erzeugt von diesem magischen Spiegel.

Ich spreche von diesen Dingen, weil seit einiger Zeit Periodika im Umlauf sind, die sich ausschließlich mit kostbaren Sammleruhren befassen, auf Hochglanzpapier gedruckt und ziemlich teuer, und ich frage mich, ob diese Zeitschriften nur von Lesern gekauft werden, die sie wie ein Märchenbuch durchblättern, oder ob sie sich an eine reale Käuferschicht wenden, wie ich bisweilen fürchte. Denn das würde ja heißen: Je mehr die mechanische Uhr, das Wunderwerk einer jahrhundertealten Erfahrung, an praktischem Nutzen verliert, da sie durch elektronische Uhren für ein paar Mark ersetzt wird, desto heftiger regt und verbreitet sich der Wunsch nach Erwerb und Besitz, sei's zum Vorzeigen, sei's zum liebevollen Betrachten oder als Geldanlage, von staunenswerten, perfekten Zeitmeß-maschinen.

Es liegt auf der Hand, daß diese Maschinen nicht dazu gedacht sind, einfach die Uhrzeit anzuzeigen. Das Über-maß an Funktionen und deren elegante Verteilung auf zahlreiche, symmetrisch angeordnete Sichtfenster führt dazu, daß man, um zu wissen, daß es drei Uhr zwanzig am Freitag, den 24. Mai ist, die Augen lange über vielerlei Zeiger gleiten lassen und die Ergebnisse jeweils in einem Notizbuch festhalten muß. Auf der anderen Seite versprechen die beneidenswerten japanischen Elektronikuhren, die sich mittlerweile ihrer einstigen leichten Benutzbarkeit schämen, heute mikroskopische Fenster, die Luftdruck-messer, Höhenmesser, Tiefenlot, Stoppuhr, Countdown und Thermometer enthalten sowie, selbstredend, eine Datenbank, sämtliche Zeitzonen, acht Wecker, einen Wäh-rungsumrechner und ein akustisches Stundensignal.

All diese Uhren laufen Gefahr, wie die gesamte Kommunikationsindustrie heute, nichts mehr zu kommunizieren, weil sie zuviel sagen. Aber sie teilen auch noch ein anderes Merkmal der Kommunikationsindustrie: Sie handeln von nichts anderem mehr als von sich selbst und ihrer Funktionsweise. Den Gipfel in dieser Hinsicht erreichen bestimmte Damenuhren mit kaum erkennbaren Zeigern, einem marmornen Ziffernblatt ohne Stunden- und Minu-tenanzeige und so gestaltet, daß man allenfalls sagen kann, daß es irgendwo zwischen Mittag und Mitternacht sein muß, vielleicht vorgestern. Aber was soll's (suggeriert der Designer), was haben die Damen, für die diese Uhren bestimmt sind, anderes zu tun, als eine Maschine zu be-trachten, die ihre eigene Vanitas darlegt?

(1988)

Wie man den Zoll passiert

Vorgestern nacht, nach einem amourösen Treffen mit einer meiner vielen Geliebten, habe ich meine Partnerin umgebracht, indem ich sie mit einem kostbaren Salzfäßchen von Cellini erschlug. Nicht nur infolge der strengen moralischen Erziehung, die ich seit früher Jugend genossen habe, nach welcher eine Frau, die sich der Sinnenlust ergibt, kein Mitleid verdient, sondern auch aus ästhetischen Gründen, nämlich um mir den Schauder des perfekten Verbrechens zu gönnen.

Danach habe ich gewartet, bis die Leiche kalt geworden und das Blut geronnen war, wobei ich mir eine CD mit Wassermusik aus der englischen Barockzeit anhörte, und habe dann angefangen, den Körper mit einer elektrischen Säge zu zerstückeln, nicht ohne einige anatomische Grundprinzipien zu beachten, aus Respekt vor der Kultur, ohne die es keine Freundlichkeit und keinen Gesellschaftsvertrag gäbe. Schließlich habe ich die Teile in zwei Koffer aus Schnabeltierleder gepackt, mich in einen grauen Anzug geworfen und den Nachtzug nach Paris genommen.

Nachdem ich dem Schlafwagenschaffner meinen Paß und eine wahrheitsgetreue Zollerklärung über die paar hunderttausend französische Francs, die ich bei mir trug, übergeben hatte*, sank ich in den Schlaf des Gerechten, denn nichts verschafft einem mehr Ruhe als das Gefühl einer getanen Pflicht. Auch der Zoll hat sich nicht erlaubt, einen Reisenden zu stören, der durch den Erwerb einer Fahrkarte erster Klasse *ipso facto* seine Zugehörigkeit zur herrschenden Schicht und mithin seine Erhabenheit über jeden Verdacht erklärt hat. Eine um so höher zu schätzende

Situation, als ich, zur Vermeidung von krisenhaften Entzugserscheinungen, eine bescheidene Dosis Morphium, acht- bis neunhundert Gramm Kokain und einen echten Tizian bei mir hatte.

Ich will nicht davon sprechen, auf welche Weise ich mich in Paris der armseligen Reste entledigt habe. Das überlasse ich der Phantasie des Lesers. Man braucht bloß ins Centre Pompidou zu gehen und die Koffer unter einer der Rolltreppen abzustellen, und jahrelang wird sie niemand bemerken. Oder sie in ein eigens dafür vorgesehenes Schließfach am Gare de Lyon zu stellen. Das Verfahren zur Öffnung der Schließfächer mittels eines Schlüsselwortes ist so kompliziert, daß Tausende von Päckchen dort liegen, ohne daß sie jemand zu kontrollieren wagt. Doch man könnte sich auch ganz einfach an ein Tischchen im Café Deux Magots setzen und die Koffer vor der Librairie La Joie de Lire stehen lassen. In wenigen Minuten wären sie gestohlen und nur noch Sache des Diebes. Ich kann allerdings nicht leugnen, daß die Geschichte mich in einen Zustand der Spannung versetzt hatte, in jene Spannung, welche die Durchführung einer künstlerisch komplexen und perfekten Operation stets begleitet.

Nach Italien zurückgekehrt, fühlte ich mich nervös und beschloß, mir einen Urlaub in Locarno zu gönnen. Aus einem unerklärlichen Schuldgefühl, in der ungreifbaren Angst, daß mich jemand erkennen könnte, beschloß ich, in der zweiten Klasse zu fahren, in Jeans und T-Shirt mit dem Krokodil auf der Brust.

An der Grenze wurde ich von eifrigen Zöllnern umringt, die mein Gepäck bis zu den intimsten Wäschestücken durchwühlten und mir die heimliche Einfuhr einer Stange MS Filter in die Schweiz verwehrten. Des weiteren stellten sie fest, daß mein Paß seit vierzehn Tagen abgelaufen war.

Schließlich entdeckten sie auch, daß ich im After fünfzig Schweizer Franken von ungewisser Herkunft versteckt hatte, für die ich keinen Beleg ihres regulären Erwerbs in einem Kreditinstitut vorweisen konnte.

Ich wurde unter einer Tausend-Watt-Lampe verhört, mit einem nassen Handtuch geschlagen und vorübergehend in einer Isolierzelle auf ein Streckbett gefesselt.

Zum Glück ist mir dann eingefallen, zu erklären, daß ich ein Gründungsmitglied der Freimaurerloge P2 sei, daß ich einige Bomben zu ideologischen Zwecken in Schnellzügen deponiert hätte und daß ich mich als politischer Gefangener betrachtete. Daraufhin wurde mir ein Einzelzimmer im Luxustrakt des Grand Hôtel des Iles Borromées zugewiesen. Ein Diätarzt hat mir geraten, einige Mahlzeiten auszulassen, um wieder auf mein Idealgewicht zu kommen, während mein Psychiater alles in die Wege geleitet hat, um mir einen Hausarrest zu verschaffen, wegen himmelschreiender Magersucht. Derweil habe ich eine Reihe von anonymen Briefen an die Richter der umliegenden Gerichte geschrieben, die den Eindruck erwecken, als hätten die Richter sich gegenseitig anonyme Briefe geschrieben, in denen Mutter Theresa von Kalkutta beschuldigt wird, aktive Beziehungen zu den Kommunistischen Kampfgruppen unterhalten zu haben.

Wenn alles läuft, wie es sollte, bin ich in einer Woche zu Hause.

(1989)

Wie man ein Faxgerät nicht benutzt

Die Faxtechnik ist wirklich eine großartige Erfindung. Wer sie noch nicht kennt, muß folgendes wissen: Man steckt einen Brief in das Faxgerät, wählt die Nummer des Adressaten, und in wenigen Sekunden hat er den Brief. Und nicht bloß einen Brief, sondern auch Zeichnungen, Pläne, Fotos, seitenlange hochkomplizierte Berechnungen, die man schwerlich am Telefon diktieren könnte. Wenn der Brief nach Australien geht, kostet die Übermittlung nicht mehr als ein interkontinentales Ferngespräch der gleichen Dauer. Wenn der Brief in die Nachbarstadt geht, soviel wie ein kurzer Anruf dorthin. Rechnen wir für ein Telefonat von Mailand nach Paris, in den Abendstunden, ungefähr tausend Lire. In einem Land wie dem unseren, wo die Post *per definitionem* nicht funktioniert, löst das Telefax alle Probleme. Außerdem kann man sich ein Faxgerät auch fürs Schlafzimmer kaufen oder um es auf Reisen mitzunehmen, und das zu einem erschwinglichen Preis. Sagen wir für eineinhalb bis zwei Millionen Lire. Viel für eine Laune, aber wenig, wenn man eine Tätigkeit ausübt, die zur Korrespondenz mit vielen Leuten an vielen verschiedenen Orten zwingt.

Leider gibt es jedoch ein unerbittliches Gesetz der Technik, das besagt: Wenn die revolutionärsten Erfindungen allen zugänglich werden, ist es mit ihrer Zugänglichkeit vorbei. Die Technik ist tendenziell demokratisch, denn sie verspricht allen die gleichen Leistungen, aber sie funktioniert nur, wenn allein die Reichen sie benutzen. Wenn auch die Armen sie zu benutzen anfangen, gerät sie ins Stocken. Als die Eisenbahn zwei Stunden brauchte, um von A nach

B zu gelangen, kam das Auto auf, das dafür nur eine Stunde brauchte. Deswegen war es damals sehr teuer. Doch sobald es für die Massen erschwinglich wurde, gab es Staus auf den Straßen, und so wurde der Zug wieder schneller. Man denke nur, wie absurd der Appell zur Benutzung der öffentlichen Verkehrsmittel im Zeitalter des Automobils ist – aber mit öffentlichen Verkehrsmitteln kommt, wer sich damit abfindet, nicht privilegiert zu sein, schneller ans Ziel als die Privilegierten.

Beim Automobil hat es Jahrzehnte gedauert, bis das System den Kollaps erreichte. Das Faxsystem, das demokratischer ist (ein Faxgerät kostet weniger als ein Auto), hat den Kollaps in weniger als einem Jahr erreicht. Inzwischen geht es schneller, wenn man einen Brief mit der Post schickt. Denn die Faxtechnik fördert die Kommunikation. Wenn man früher in Europa lebte und einen Sohn in Australien hatte, schrieb man ihm vielleicht einmal pro Monat einen Brief und rief ihn einmal pro Woche an. Jetzt mit dem Fax kann man ihm sofort das erste Foto der neugeborenen Nichte schicken. Wie der Versuchung widerstehen? Außerdem gibt es heute immer mehr Leute, die uns etwas mitteilen wollen, was uns nicht interessiert – wie wir unser Geld besser anlegen, was wir kaufen sollen, wie glücklich wir sie machen, wenn wir ihnen einen Scheck schicken, wie vollständig wir uns verwirklichen, wenn wir an einem Kongreß teilnehmen, der unsere beruflichen Fähigkeiten verbessert. All diese Leute beeilen sich, sobald sie erfahren, daß einer ein Faxgerät hat (und leider gibt es dafür Verzeichnisse), ihm zu erträglichen Kosten unerbetene Botschaften ins Haus zu schicken.

Das Ergebnis ist, daß man morgens zu seinem Faxgerät geht und es voller Nachrichten findet, die sich während der Nacht angesammelt haben. Natürlich wirft man sie weg, ohne sie zu lesen, aber wenn einem in der Nacht ein naher Vertrauter mitteilen wollte, daß man zehn Millionen vom Onkel in Amerika geerbt hat, sich aber bis spätestens acht Uhr früh bei einem Notar eingefunden haben muß, dann war der Anschluß besetzt gewesen und er ist nicht durchgekommen. Er muß seine Nachricht mit der Post schicken. Das Telefax ist dabei, zum Kanal für die irrelevanten Botschaften zu werden, so wie das Auto dabei ist, zum Verkehrsmittel für die langsame Fortbewegung zu werden, für diejenigen, die viel Zeit haben und gern lange im Stau stehen, um Mozart oder Madonna zu hören.

Schließlich führt die Faxtechnik auch ein neues Element in die Dynamik der Belästigung ein. Bisher mußte der lästige Bittsteller, wenn er uns belästigen wollte, die Sache selber bezahlen (den Anruf, das Porto, das Taxi, um herzukommen und an unserer Tür zu klingeln). Jetzt tragen auch wir zu den Kosten bei, denn das Faxpapier müssen wir bezahlen.

Wie reagieren? Ich habe schon daran gedacht, mir Briefpapier mit dem Aufdruck »Unerbetenes Fax fliegt automatisch in den Papierkorb« machen zu lassen, aber ich fürchte, das genügt nicht. Wenn ich einen Rat geben darf: Man schalte sein Faxgerät aus. Wenn jemand etwas Wichtiges faxen will, muß er vorher anrufen und darum bitten, es einzuschalten. Allerdings könnte das die Telefonleitungen verstopfen. Besser wäre es, wenn der Betreffende einen Brief schriebe. Dann antwortet man ihm: »Schick deine Nachricht per Fax am kommenden Montag um fünf Uhr, fünf Minuten und siebenundzwanzig Sekunden MEZ, wenn ich mein Gerät für lediglich vier Minuten und sechsunddreißig Sekunden anstellen werde.«

(1989)

Wie man auf bekannte Gesichter reagiert

Vor ein paar Monaten ging ich in New York spazieren, und auf einmal sah ich einen Typ auf mich zukommen, den ich gut kannte. Das Dumme war nur, daß ich mich nicht erinnern konnte, wie er hieß und wo ich ihn kennengelernt hatte. Es ist dies eine jener Empfindungen, die man besonders dann hat, wenn man im Ausland jemanden trifft, den man zu Hause kennengelernt hat, oder umgekehrt. Ein Gesicht am falschen Ort erzeugt Verwirrung. Und doch war mir jenes Gesicht so vertraut, daß ich sicher hätte stehenbleiben, grüßen und ein Gespräch anfangen müssen, und womöglich hätte der andere sofort gesagt: »Hallo, Umberto, wie geht's?« und vielleicht sogar: »Hast du gemacht, was ich dir gesagt habe?«, und ich hätte nicht gewußt, was ich antworten sollte. Tun, als ob ich ihn nicht sähe? Zu spät, er schaute noch auf die andere Straßenseite, war aber gerade dabei, den Blick in meine Richtung zu drehen. Also konnte ich auch gleich die Initiative ergreifen, ihn begrüßen und dann versuchen, ihn an der Stimme wiederzuerkennen, an den ersten Worten.

Wir waren nur noch zwei Schritte voneinander entfernt, ich setzte schon zu einem breiten, strahlenden Lächeln an und wollte gerade die Hand ausstrecken, da hatte ich ihn auf einmal erkannt. Es war Anthony Quinn. Natürlich war ich ihm noch nie zuvor im wirklichen Leben begegnet, ebensowenig wie er mir. Im letzten Augenblick konnte ich mich gerade noch zurückhalten und mit leerem Blick an ihm vorbeigehen.

Dann habe ich über den Zwischenfall nachgedacht und mir gesagt, daß er ganz normal war. Schon früher hatte ich in einem Restaurant einmal Charlton Heston entdeckt und den spontanen Drang empfunden, ihn zu begrüßen. Diese Gesichter bevölkern unser Gedächtnis, wir haben mit ihnen viele Stunden vor einer Kinoleinwand oder einem Fernsehbildschirm verbracht, sie sind uns vertraut geworden wie die unserer Verwandten, sogar noch mehr. Man kann ein Erforscher der Massenkommunikation sein, über die Realitätseffekte disputieren, über die Vermischung von Realem und Imaginärem und über jene, die in dieser Vermischung definitiv zu Fall kommen, aber man ist gegen das Syndrom nicht gefeit. Und es gibt noch Schlimmeres.

Ich habe Aussagen von Leuten gesammelt, die für eine gewisse Zeit den Massenmedien ausgesetzt waren, insofern sie mit einer gewissen Häufigkeit im Fernsehen aufgetreten sind. Ich meine gar nicht nur die berühmten Showmaster, die jeder kennt, sondern Leute, die aufgrund ihrer beruflichen Arbeit an einigen Diskussionsrunden teilnehmen mußten, aber häufig genug, um wiedererkennbar zu sein. Sie klagen alle über die gleiche unangenehme Erfahrung. Gewöhnlich, wenn wir jemanden sehen, den wir nicht persönlich kennen, starren wir ihm nicht ins Gesicht, deuten nicht mit dem Finger auf ihn, um ihn unseren Gesprächspartnern zu zeigen, und reden nicht mit lauter Stimme über ihn, wenn er uns hören kann. Das wäre ein unhöfliches und ab einer bestimmten Grenze auch aggressives Benehmen. Dieselben Leute jedoch, die nicht mit dem Finger auf den Kunden einer Bar zeigen würden, bloß um einen Freund darauf hinzuweisen, daß er eine modische Krawatte trägt, benehmen sich entschieden anders bei bekannten Gesichtern.

Meine Versuchskaninchen versichern mir, daß vor einem Zeitungskiosk, im Tabakladen oder während sie einen Zug besteigen, oder auch während sie im Restaurant auf die

Toilette gehen und dabei anderen Leuten begegnen, diese laut zueinander sagen: »Sieh mal, da ist tatsächlich der Soundso.« »Bist du sicher, daß er es ist?« »Aber ja, das ist er wirklich!« Wonach diese Leute ihr Gespräch liebenswürdig fortsetzen, während der Soundso sie hört, ohne daß sie sich etwas dabei denken, daß er sie hört, als ob er nicht existierte.

Sie sind verwirrt, wenn ein Protagonist der massenmedialen Bilderwelt auf einmal in ihr reales Leben eintritt, aber zugleich benehmen sie sich ihm gegenüber, wenn er als reale Person auftritt, als ob er noch zur imaginären Welt gehörte, als ob er auf einem Bildschirm oder als Foto in einer Illustrierten erschiene und sie in seiner Abwesenheit über ihn sprächen.

Es ist, als hätte ich Anthony Quinn beim Kragen genommen, in eine Telefonzelle gezerrt und einen Freund angerufen, um ihm zu sagen: »Hör mal, ich hab Anthony Quinn getroffen, ob du's glaubst oder nicht, er sieht ganz echt aus!« (und dann hätte ich ihn weggestoßen, um meiner Wege zu gehen).

Die Massenmedien haben mich erst überzeugt, das Imaginäre sei real, und nun überzeugen sie mich, das Reale sei imaginär, und je mehr Realität die Fernsehbilder uns zeigen, desto kinohafter wird die alltägliche Welt. Bis wir schließlich glauben, wie einige Philosophen es lehrten, wir seien allein auf der Welt und alles andere sei nur der Film, den Gott oder ein böser Geist uns vorgaukelte.

(1989)

Wie man einen Pornofilm erkennt

Ich weiß nicht, ob es Ihnen je widerfahren ist, einen Pornofilm zu sehen. Ich meine nicht einen Film, der erotische
Szenen enthält, seien sie auch verletzend für das Schamgefühl vieler, wie zum Beispiel *Der letzte Tango in Paris*. Ich
meine pornographische Filme, deren einziger Zweck es ist,
das sexuelle Verlangen des Zuschauers zu stimulieren, von
Anfang bis Ende und dergestalt, daß, während dieses Verlangen mit Bildern diverser und variabler Paarungen stimu-
liert wird, der Rest so gut wie nichts zählt.

Oft müssen die Gerichte entscheiden, ob ein Film rein
pornographisch ist oder einen künstlerischen Wert hat. Ich
gehöre nicht zu denen, die meinen, daß der künstlerische
Wert alles entschuldige, manchmal sind echte Kunstwerke
gefährlicher für den Glauben, die Sitten, die gängigen Mei-
nungen als Werke von minderem Wert. Des weiteren meine
ich, daß Erwachsene das Recht haben, pornographisches
Material zu konsumieren, so sie es wünschen, zumindest
in Ermangelung von Besserem. Aber ich gebe zu, daß
manchmal vor Gericht entschieden werden muß, ob ein
Film produziert worden ist, um bestimmte ästhetische
Konzepte oder Ideale auszudrücken (sei's auch mit Szenen, die das allgemeine Schamgefühl verletzen), oder ob er
zu dem einzigen Zweck gemacht worden ist, den Zuschauer scharfzumachen.

Nun gibt es tatsächlich ein Kriterium, das zu entscheiden erlaubt, ob ein Film pornographisch ist oder nicht, und
es beruht auf der Berechnung der toten Zeiten. Ein großes
Meisterwerk der gesamten Filmgeschichte, der Western
Stagecoach von John Ford, spielt die ganze Zeit über (außer

zu Beginn, in kurzen Zwischenphasen und am Ende) in einer Postkutsche. Aber ohne diese rasante Postkutschenfahrt hätte der Film keinen Sinn. *L'avventura* von Antonioni besteht nur aus toten Zeiten: die Leute gehen, kommen, reden, verlieren sich und finden sich wieder, ohne daß irgend etwas geschieht. Aber der Film will uns ebendies sagen, daß nichts geschieht. Er mag uns gefallen oder nicht, aber genau das ist seine Aussage.

Ein pornographischer Film dagegen sagt uns, um den Erwerb der Kinokarte oder der Videokassette zu rechtfertigen, daß ein paar Leute sich sexuell paaren, Männer mit Frauen, Männer mit Männern, Frauen mit Frauen, Frauen mit Hunden oder Pferden (ich mache darauf aufmerksam, daß es keine pornographischen Filme gibt, in denen Männer sich mit Stuten oder Hündinnen paaren: warum nicht?). Das alles würde ja noch angehen, aber in diesen Filmen wimmelt es von toten Zeiten.

Wenn Gilberto in Mailand, um Gilberta zu vergewaltigen, von der Piazza Cordusio bis zum Corso Buenos Aires fahren muß, so zeigt uns der Film, wie Gilberto, am Steuer sitzend, Ampel für Ampel die ganze Strecke zurücklegt.

In pornographischen Filmen wimmelt es von Leuten, die in Autos steigen und Kilometer um Kilometer fahren, von Paaren, die eine unglaubliche Zeit damit verbringen, sich in Hotels an der Rezeption einzuschreiben, von Herren, die minutenlang in aufwärtsfahrenden Aufzügen stehen, bevor sie endlich ins Zimmer gehen, von Mädchen, die allerlei Liköre schlürfen und mit Hemdchen und Spitzenhöschen herumtändeln, ehe sie einander gestehen, daß sie Sappho lieber als Don Juan mögen. Um es deutlich und derb zu sagen: Bevor man in pornographischen Filmen einen richtigen Fick zu sehen kriegt, muß man einen Werbespot des städtischen Verkehrsreferats über sich ergehen lassen.

152

Die Gründe liegen auf der Hand. Ein Film, in dem Gilberto andauernd Gilberta vergewaltigt, von vorne, von hinten und von der Seite, wäre nicht zu ertragen. Weder physisch für die Akteure noch ökonomisch für den Produzenten. Und er wäre es auch nicht psychologisch für den Zuschauer. Denn damit die Übertretung als solche kenntlich wird, muß sie sich von einem Hintergrund von Normalität abheben. Die Darstellung der Normalität aber ist nun eine der schwierigsten Aufgaben für jeden Künstler – während die Darstellung des Abweichenden, des Verbrechens, der Vergewaltigung, der Folter ein Kinderspiel ist.

Deswegen muß der pornographische Film die Normalität darstellen – die eben unverzichtbar ist, damit die Übertretung Interesse weckt –, und zwar so, wie jeder Zuschauer sie versteht. Deswegen sieht man, wenn Gilberto den Bus nehmen und von A nach B fahren muß, Gilberto, wie er den Bus nimmt, und den Bus, wie er von A nach B fährt.

Das irritiert den Zuschauer oft, weil er ständig unerhörte Szenen sehen will. Aber er täuscht sich. Er würde es gar nicht aushalten, anderthalb Stunden lang unerhörte Szenen zu sehen. Darum sind die toten Zeiten unverzichtbar.

Ich wiederhole also. Man gehe in irgendein Kino. Wenn die Protagonisten des Films länger brauchen, um sich von A nach B zu begeben, als man es sehen möchte, dann handelt es sich um einen Pornofilm.

(1989)

Wie man Eis ißt

Als ich klein war, kaufte man den Kindern zwei Arten von Eis, die es bei jenen weißen Wägelchen mit silberglänzenden Deckeln gab: entweder die Tüte zu zwanzig oder die Waffel zu vierzig Centesimi. Die Tüte zu zwanzig war sehr klein und paßte genau in eine Kinderhand, sie wurde erzeugt, indem man das Eis mit der halbkugelförmigen Eiszange aus dem Behälter holte und auf den eßbaren Waffelkegel stülpte. Die Großmutter riet, nur den oberen Teil dieses Kegels zu essen und die Spitze wegzuwerfen, da sie vom Eisverkäufer angefaßt worden war (aber der untere Teil war der beste und knusprigste, weshalb man ihn heimlich aß, nachdem man ihn nur zum Schein weggeworfen hatte).

Die Waffel zu vierzig wurde mit einer ebenfalls silberglänzenden Spezialmaschine hergestellt, die zwei runde Waffelscheiben gegen einen flachen Eiszylinder preßte. Man fuhr mit der Zunge so lange zwischen die Scheiben, bis sie den in der Mitte verbliebenen Rest nicht mehr erreichte, dann aß man das Ganze mitsamt den Scheiben auf, die inzwischen weich und von Nektar durchtränkt waren. Hier hatte die Großmutter keine Ratschläge zu geben: theoretisch waren die Waffeln nur von der Maschine berührt worden, praktisch hatte der Eisverkäufer sie zwar angefaßt, um sie zu überreichen, aber es war unmöglich, die infizierte Zone zu bestimmen.

Ich war jedoch fasziniert von einigen Altersgenossen, die sich von ihren Eltern nicht ein Eis zu vierzig, sondern zwei zu zwanzig kaufen ließen. Die solcherart Privilegierten kamen dann stolz mit einem Eis in der Rechten und einem in der Linken daherspaziert und leckten, behende den Kopf drehend, mal von dem einen und mal von dem andern. Diese Liturgie erschien mir so beneidenswert luxuriös, daß ich viele Male darum bat, sie ebenfalls zelebrieren zu dürfen. Vergeblich. Meine Eltern waren unerbittlich: ein Eis zu vierzig ja, aber zwei zu zwanzig auf keinen Fall.

Wie jeder sieht, konnten weder die Mathematik noch die Ökonomie, noch auch die Ernährungslehre diese Verweigerung rechtfertigen. Und nicht einmal die Hygiene, wenn man voraussetzte, daß anschließend beide Kegelspitzen weggeworfen wurden. Eine klägliche Rechtfertigung argumentierte wahrheitswidrig, daß ein kleiner Junge, der damit beschäftigt sei, den Blick abwechselnd von einem Eis zum anderen zu wenden, leichter über Steine, Stufen oder Unebenheiten im Pflaster stolpern könne. Dunkel schwante mir, daß es einen anderen Grund geben mußte, einen brutal pädagogischen, den ich aber nicht zu finden vermochte.

Heute, als Angehöriger und Opfer einer Zivilisation des Konsums und der Verschwendung (was die der dreißiger Jahre nicht war), begreife ich, daß meine Eltern recht hatten. Zwei Eis zu zwanzig statt einem zu vierzig waren ökonomisch gesehen keine Verschwendung, aber sie waren es im symbolischen Sinne. Eben darum begehrte ich sie: weil zwei Eiskugeln einen Exzeß suggerierten. Und eben darum wurden sie mir verweigert: weil sie unanständig wirkten, wie Hohn auf das Elend, Prunken mit falschen Privilegien, prahlerisch ausgestellter Wohlstand. Nur verzogene Kinder aßen zwei Eiskugeln, jene, die in den Märchen zu Recht bestraft werden, wie Pinocchio, als er die Birnenschale und den Griebs verschmäht. Und Eltern, die solche Unarten kleiner Parvenüs auch noch förderten, erzogen ihre Kinder zu dem dummen Theater des »Ich würde ja gern, aber ich kann nicht« oder, wie wir heute sagen würden, bereiteten sie darauf vor, beim Check-in in der Touristenklasse mit einem falschen Gucci-Koffer zu erscheinen, den sie bei einem ambulanten Händler am Strand von Rimini gekauft haben.

Die Fabel droht keine Moral zu haben in einer Welt, in der die Zivilisation des Konsums inzwischen auch die Erwachsenen verschwenderisch haben will und ihnen immer noch etwas mehr verspricht, von der kleinen Uhr an der Waschpulvertonne bis zum Anhänger als Geschenk für den Käufer der Illustrierten. Wie die Eltern jener beidhändigen Genießer, die ich so sehr beneidete, scheint die Zivilisation des Konsums uns mehr zu geben, aber faktisch gibt sie uns für vier Zehner (im besten Falle) das, was vier Zehner wert ist. Wir werfen das alte Radio weg, um das neue zu kaufen, das einen Kassettenteil mit Autoreverse hat, aber einige unerklärliche Schwächen in seinem Innern sorgen dafür, daß dieses neue Radio nur ein Jahr hält. Der neue Kombiwagen hat Ledersitze, zwei von innen einstellbare Seitenspiegel und ein Armaturenbrett aus Holz, aber er ist viel empfindlicher als der gute alte Cinquecento, der sich, auch wenn er liegenblieb, mit einem Fußtritt wieder in Gang bringen ließ.

Doch die Moral von damals wollte uns eben alle spartanisch haben, und die von heute will uns alle als Sybariten.

(1989)

Wie man vermeidet, »genau« zu sagen

Es tobt der Kampf gegen die Klischees, die unsere Umgangssprache überschwemmen. Eins davon ist, wie man weiß, das Wörtchen »genau«. Alle sagen heute »genau«, wenn sie ihre Zustimmung ausdrücken wollen. Die Unsitte ist durch die ersten Fernsehquize verbreitet worden, bei denen man, um die richtige Antwort zu bezeichnen, direkt aus dem englischen »that's right« oder »that's correct« übersetzte. Mithin ist es nicht grundsätzlich falsch, »genau« zu sagen, nur zeigt damit, wer es sagt, daß er seine Sprache aus dem Fernsehen gelernt hat. »Genau« zu sagen ist ungefähr so, wie wenn man in seinem Wohnzimmer eine Enzyklopädie ausstellt, die bekanntermaßen nur als Zugabe beim Kauf eines bestimmten Waschmittels erhältlich ist.

Um denen entgegenzukommen, die sich das Genau-Sagen abgewöhnen wollen, lasse ich hier eine Reihe von Fragen oder Behauptungen folgen, auf die man gewöhnlich mit »genau« antwortet, und füge in Klammern die statt dessen benutzbare Alternativbejahung hinzu.

Napoleon ist am 5. Mai 1821 gestorben. (Bravo!) Entschuldigen Sie, ist dies hier die Piazza Garibaldi? (Ja.) Hallo, spreche ich mit Max Müller? (Wer spricht da, bitte?). Hallo, hier Fritz Meyer, spreche ich mit Max Müller? (Am Apparat, was gibt's?) Dann schulde ich Ihnen also zehntausend Lire? (Ja, zehntausend.) Was haben Sie gesagt, Herr Doktor? Aids? (Tja, tut mir leid.) Sie rufen bei der Sendung *Wer hat ihn gesehen?* an, um uns zu sagen, daß Sie dem Verschwundenen begegnet sind? (Wie haben Sie das erraten?) Polizei. Sind Sie Herr Müller? (Frieda, das Köfferchen!) Dann trägst du also gar keinen Schlüpfer! (Endlich hast du's bemerkt!) Sie wollen zehn Millionen als Lösegeld? (Wie soll ich sonst mein Autotelefon bezahlen?) Wenn ich recht verstehe, hast du einen ungedeckten Scheck über zehn Millionen ausgeschrieben und mich als Bürgen angegeben? (Ich bewundere deinen Scharfsinn.) Ist der Eincheckschalter schon zu? (Sehen Sie den kleinen Punkt da am Himmel?) Sie sagen, ich sei ein Halunke? (Sie haben's getroffen.)

Heißt das, Sie raten uns, wird man mich fragen, niemals »genau« zu sagen?

Genau.

(1990)

Wie man sich vor Witwen hütet

Mag sein, liebe Schriftstellerinnen und Schriftsteller, daß Ihnen nichts am Nachruhm liegt, aber ich glaube es nicht. Jeder, der, und sei's mit siebzehn, ein Gedicht über den rauschenden Wald verfaßt hat oder bis zum Tod ein Tagebuch führt, auch wenn er darin nur solche Dinge festhält wie »heute zum Zahnarzt gegangen«, hofft, daß die Nachwelt es zu schätzen weiß. Und selbst wenn er sich wünschte, vergessen zu werden – heutzutage überbieten sich die Verlage im Wiederentdecken vergessener »kleiner« Autoren, sogar wenn diese nie eine einzige Zeile geschrieben haben.

Die Nachwelt ist bekanntlich gefräßig und nicht wählerisch. Sofern sie nur etwas zu schreiben bekommt, ist ihr alles, was je ein anderer geschrieben hat, recht. Und darum, o Schriftsteller, hütet euch vor dem Gebrauch, den die Hinterbliebenen von euren Schriften machen können. Das Ideal wäre selbstverständlich, nur das zu hinterlassen, was ihr zu Lebzeiten zur Veröffentlichung freigegeben habt, und alles andere Tag für Tag zu vernichten, einschließlich der Umbruchfahnen. Aber Notizen sind bekanntlich bei der Arbeit von Nutzen, und der Tod kann ganz plötzlich kommen.

In diesem Fall ist die erste Gefahr, daß Unveröffentlichtes veröffentlicht wird, aus dem hervorgeht, daß ihr vollendete Idioten wart, und jeder, der nachliest, was er sich am Vortag auf dem Block notiert hat, wird sehen, daß die Gefahr enorm ist (auch weil es charakteristisch für Notizen ist, daß sie aus dem Kontext gerissen sind).

Finden sich keine Notizen, so ist die zweite Gefahr, daß unmittelbar *post mortem* die Kongresse über euer Werk sich häufen. Jeder Schriftsteller hat den Ehrgeiz, in Aufsätzen, Dissertationen, Neuausgaben mit kritischem Apparat dem Gedächtnis der Nachwelt erhalten zu bleiben, aber das sind Arbeiten, die Zeit und Geduld erfordern. Der Kongreß erreicht zweierlei: Er drängt Scharen von Freunden, Bewunderern, jungen Leuten auf der Suche nach Ruhm dazu, ein paar diagonale Wiederlektüren vorzunehmen und die Eindrücke niederzuschreiben, und in solchen Fällen wird bekanntlich das schon Gesagte noch einmal aufgewärmt und so ein Klischee bekräftigt. Infolgedessen vergeht den Lesern nach einer Weile die Lust an Autoren, die so penetrant in ihrer Vorhersehbarkeit waren.

Die dritte Gefahr ist, daß private Briefe veröffentlicht werden. Selten schreiben Schriftsteller ihre privaten Briefe anders als gewöhnliche Sterbliche, es sei denn, sie täuschen die Privatheit nur vor. Sie können schreiben »schick mir das Guttalax« oder »ich liebe dich bis zum Wahnsinn und danke dir, daß es dich gibt«, und das ist ihr gutes Recht und völlig normal, und es ist rührend, wenn dann die Nachwelt auf die Suche nach solchen Zeugnissen geht und zu dem Schluß gelangt, daß der Schriftsteller auch nur ein Mensch war. Wieso, hatte man denn gemeint, er sei ein Flamingo gewesen?

Wie lassen sich solche Pannen vermeiden? Die handschriftlichen Notizen betreffend, würde ich raten, sie irgendwo aufzubewahren, wo man sie nie erwarten würde, und in den Schubladen so etwas wie Karten verborgener Schätze liegenzulassen, die zwar auf die Existenz jener Reichtümer hinweisen, aber unentzifferbare Angaben über den Fundort machen. Man erzielt damit das doppelte Resultat, daß die Notizen verborgen bleiben und daß viele Doktorarbeiten geschrieben werden, die sich über die sphinxhafte Undurchdringlichkeit jener Karten verbreiten.

Was die Kongresse betrifft, kann es nützlich sein, präzise testamentarische Verfügungen zu treffen, die im Namen der Menschlichkeit verlangen, daß für jeden Kongreß, der in den ersten zehn Jahren nach dem Tod organisiert wird, die Veranstalter dreißig Millionen an die Unicef überweisen müssen. Das Geld ist schwer aufzutreiben, und um gegen das Testament zu verstoßen, muß man schon sehr hartgesotten sein.

Komplexer ist die Lage bei den Liebesbriefen. Was die noch zu schreibenden betrifft, so empfehle ich, für sie einen Computer zu benutzen, der die Graphologen narrt, sowie liebevolle Pseudonyme (»dein Katerchen, Biribi, Frettchen«), die man bei jedem/jeder Partner/in wechselt, so daß die Zuweisung fraglich bleibt. Ratsam ist auch, Anspielungen einzufügen, die, wiewohl durchaus leidenschaftlich, für die Adressaten peinlich sind (wie zum Beispiel »ich liebe auch deine häufigen Darmwinde«), um sie auf diese Weise von einer späteren Publikation abzuhalten.

Die schon geschriebenen Briefe, besonders die aus der Jugendzeit, sind freilich unkorrigierbar. Hier empfiehlt sich, die Empfänger aufzuspüren, ihnen ein Schreiben zu schicken, das mit entspannter Heiterkeit unvergeßliche Tage heraufbeschwört, und ihnen zu versprechen, die Erinnerung an jene Tage werde so lebendig bleiben, daß die Empfänger auch noch nach dem Tod des Schreibers besucht werden würden, damit diese Erinnerung nicht erlösche. Es funktioniert nicht immer, aber ein Gespenst ist schließlich ein Gespenst, und die Empfänger werden nicht mehr ruhig schlafen.

Man könnte auch ein fiktives Tagebuch führen, in dem man hin und wieder den Gedanken einfließen läßt, daß Freundinnen und Freunde zur Verlogenheit und zur Fälschung neigen: »Was für eine anbetungswürdige Lügnerin, die Adelaide!« oder »Heute hat mir Gualtiero einen wirklich wunderschönen falschen Brief von Pessoa gezeigt.«

(1990)

Wie man nicht von Fußball spricht

Ich habe nichts gegen Fußball. Ich gehe nicht in die Stadien aus demselben Grund, aus dem ich nicht nachts zum Schlafen in die Untergeschosse des Mailänder Hauptbahnhofs gehen würde (oder nach sechs Uhr abends in den New Yorker Central Park), aber es kommt vor, daß ich mir ein schönes Spiel mit Interesse und Vergnügen im Fernsehen anschaue, denn ich anerkenne und schätze die Vorzüge dieses noblen Sports. Ich hasse nicht den Fußball. Ich hasse die Fußballfans.

Aber ich möchte nicht mißverstanden werden. Ich hege den Fußballfans gegenüber die gleichen Gefühle, wie sie die Lega Lombarda gegenüber den Afrikanern und Orientalen hegt: »Ich bin kein Rassist, solange diese Leute bei sich zu Hause bleiben.« Und unter »bei sich zu Hause« verstehe ich die Orte, an denen sie sich die Woche über zu treffen belieben (Bars, Familien, Clubs), und die Stadien, bei denen mich nicht interessiert, was in ihnen geschieht, und von mir aus können auch ruhig die Fans aus Liverpool kommen, so daß ich mich dann beim Zeitunglesen vergnüge, denn wenn schon *circenses* sein müssen, soll wenigstens Blut fließen.

Ich mag den Fußballfan nicht, weil er eine seltsame Eigenart hat: Er kapiert nicht, daß man selbst keiner ist, und beharrt darauf, mit einem so zu reden, als ob man einer wäre. Um zu verdeutlichen, was ich meine, gebe ich ein Beispiel. Ich spiele Blockflöte (immer schlechter, wie Luciano Berio öffentlich erklärt hat, und mit solcher Aufmerksamkeit von den Großen Meistern verfolgt zu werden, verschafft mir Genugtuung). Nehmen wir nun an, ich sitze im Zug und will mit dem Herrn gegenüber ein Gespräch anknüpfen.

»Haben Sie die letzte CD von Frans Brüggen gehört?«

»Was, wie?«

»Ich meine die *Pavane Lachryme.* Meiner Meinung nach nimmt er den Anfang zu langsam.«

»Entschuldigung, ich verstehe nicht.«

»Na, ich meine doch van Eyck, Mann! (Skandierend) Variationen für So-pran-block-flö-te!«

»Wissen Sie, ich ... Spielt man die mit dem Bogen?«

»Ach so, verstehe, Sie sind kein ...«

»Nein, ich nicht.«

»Komisch. Aber Sie wissen doch sicher, daß man auf eine handgemachte Coolsma drei Jahre warten muß? Da nimmt man doch lieber eine Moeck aus Ebenholz. Die sind die besten, jedenfalls von denen, die es im Handel gibt. Das hat mir auch Gazzelloni gesagt. Hören Sie, kommen Sie bis zur fünften Variation von *Deirdre Doen Daphne D'Over?*«

»Also eigentlich will ich nach Parma ...«

»Ah, verstehe, Sie spielen die F und nicht die C. Davon hat man auch mehr. Wissen Sie, ich habe da eine Sonate von Loeillet entdeckt, die ...«

»Löjé wer?«

»Na, ich möchte Sie mal über den Phantasien von Telemann hören. Spielen Sie die? Sie verwenden doch nicht etwa die deutsche Griffweise?«

»Ach wissen Sie, die Deutschen, der BMW ist ja ein großartiges Auto, und ich achte sie, aber ...«

»Verstehe, Sie verwenden die barocke Griffweise. Gut. Sehen Sie, neulich hat das Ensemble von Saint-Martin-in-the-Fields ...«

So etwa, vielleicht ist deutlich geworden, was ich meine. Und man wird einverstanden sein, wenn mein verzweifelter

Reisegefährte sich an die Notbremse klammert. Aber genauso geht es einem mit dem Fußballfan. Die Situation ist besonders heikel, wenn man im Taxi sitzt und der Fahrer anfängt:

»Haben Sie Vialli gesehen?«

»Nein, der muß gekommen sein, als ich gerade nicht da war.«

»Aber heute abend sehen Sie sich das Spiel doch an?«

»Nein, ich muß mich um das Buch Zet der *Metaphysik* kümmern, Sie verstehen, der Stagirit.«

»Gut, sehen Sie sich's an und sagen's mir dann. Für mich kann Van Basten der Maradona der neunziger Jahre werden, was meinen Sie? Allerdings würde ich Hagi im Auge behalten.«

Und so weiter, als redete man gegen eine Wand. Und nicht etwa, weil es ihn nicht interessierte, daß ich mich nicht dafür interessiere. Er kann einfach nicht begreifen, daß es Leute gibt, die sich nicht dafür interessieren. Er würde es auch nicht begreifen, wenn ich drei Augen und zwei Antennen auf den grünen Schuppen des Hinterkopfs hätte. Er hat keinen Begriff von der Diversität, Varietät und Inkomparabilität der Möglichen Welten.

Ich habe das Beispiel des Taxifahrers genannt, aber dasselbe geschieht, wenn der Gesprächspartner zu den herrschenden Klassen gehört. Es ist wie ein Magengeschwür, es trifft arm und reich. Kurios ist freilich, daß Leute, die so ehern davon überzeugt sind, daß alle Menschen gleich seien, dann so schnell bereit sind, dem Fan aus dem Nachbarort den Schädel einzuschlagen. Dieser ökumenische Chauvinismus entlockt mir Bewunderungsschreie. Es ist, als ob die Anhänger der Ligen sagten: »Laßt die Afrikaner zu uns kommen. Wir besorgen's ihnen dann.«

(1990)

Wie man eine Privatbibliothek rechtfertigt

Seit ich klein war, bin ich meines Nachnamens wegen* gewöhnlich zwei (und nur zwei) Arten von Witzen ausgesetzt gewesen, nämlich: »Du bist (Sie sind) derjenige, der immer antwortet« und »Du hallst (Sie hallen) durch die Täler wider.« Während der ganzen Kindheit glaubte ich, durch einen merkwürdigen Zufall seien alle Leute, denen ich begegnete, Dummköpfe. Dann, in mein hohes Alter gelangt, habe ich mich überzeugen müssen, daß es zwei Gesetze gibt, denen sich kein menschliches Wesen entziehen kann: Die erste Idee, die einem in den Sinn kommt, ist immer die nächstliegende, und wenn man eine naheliegende Idee gehabt hat, kommt einem nicht in den Sinn, daß andere sie schon vorher gehabt haben könnten.

Ich verfüge über eine hübsche Sammlung von Rezensionen, in allen Sprachen des indogermanischen Stammes, deren Titel sich zwischen »L'eco di Eco« (Das Echo von Eco) und »Un libro che fa eco« (Ein Buch, das Widerhall findet) bewegen. Allerdings habe ich hier den Verdacht, daß es diesmal nicht die erste Idee war, die dem Redakteur in den Sinn kam; es dürfte eher so gewesen sein, daß die Redaktion sich versammelt und vielleicht zwanzig mögliche Titel durchdiskutiert hatte, und plötzlich hatte sich das Gesicht des Chefredakteurs aufgehellt und er hatte gesagt: »Freunde, mir ist eine phantastische Idee gekommen!« Und die Runde: »Chef, du bist ein Genie! Wie machst du das nur?« – »Das ist eine Gabe«, wird er geantwortet haben.

Damit will ich nicht sagen, daß die Leute banal seien.

166

Etwas ganz Naheliegendes oder Selbstverständliches als unerhört zu nehmen, als einen von göttlicher Eingebung inspirierten Fund, offenbart eine gewisse Frische des Geistes, eine Begeisterung für das Leben und seine Unvorhersehbarkeiten, eine Liebe zu den Ideen – so klein sie auch sein mögen. Ich vergesse nie meine erste Begegnung mit jenem großen Sozialforscher, der Erving Goffman gewesen ist: Ich bewunderte ihn und liebte ihn wegen der Genialität und Tiefe, mit der er die feinsten Nuancen des gesellschaftlichen Verhaltens zu erfassen und zu beschreiben verstand, wegen der Fähigkeit, noch die winzigsten Kleinigkeiten wahrzunehmen, die bis dahin allen entgangen waren. Wir saßen in einem Straßencafé, und nach einer Weile sagte er, den Verkehr betrachtend: »Weißt du, ich glaube, inzwischen fahren in den Städten zu viele Autos herum.« Vielleicht hatte er noch nie vorher darüber nachgedacht, weil er Wichtigeres zu bedenken hatte; ihm war mit einemmal etwas aufgefallen, und er hatte die geistige Frische gehabt, es auszusprechen. Ich dagegen, ein kleiner Snob, vergiftet von Nietzsches zweiter *Unzeitgemäßer Betrachtung*, hätte mich gescheut, es zu sagen, auch wenn ich es dachte.

Eine andere Banalität schockiert viele, die sich in derselben Lage wie ich befinden, insofern sie eine relativ große Bibliothek besitzen – so groß, daß man beim Eintritt in die Wohnung nicht umhinkann, sie zu bemerken, auch weil es sonst nicht viel gibt. Der Besucher tritt ein und sagt: »So viele Bücher! Haben Sie die alle gelesen?« Zu Beginn meinte ich, der Satz entlarve nur Leute, die nicht sehr vertraut mit Büchern sind, gewöhnt, nur Wandbretter mit fünf Krimis und einem Kinderlexikon in Fortsetzungslieferungen zu sehen. Aber die Erfahrung hat mich gelehrt, daß der Satz auch von unverdächtigen Leuten geäußert wird.

Man könnte sagen, daß es sich immer noch um Leute handelt, für die Regale nur Möbel zur Unterbringung gelesener Bücher sind und die keine Vorstellung von einer Bibliothek als Arbeitsmittel haben, aber das genügt nicht. Ich behaupte, daß angesichts vieler Bücher jeder von der Angst des Erkennens erfaßt wird und zwangsläufig auf die Frage rekurriert, die seine Qual und seine Gewissensbisse ausdrückt.

Das Problem ist, daß man zwar auf die Frotzelei »Sie sind derjenige, der immer antwortet« mit einem matten Lächeln antworten kann und im äußersten Fall, wenn man nett sein will, mit einem knappen »Guter Witz, das«, aber auf die Frage nach den Büchern muß man eine Antwort geben, während einem der Unterkiefer erstarrt und kalter Schweiß die Wirbelsäule hinunterläuft. Eine Zeitlang hatte ich mir angewöhnt, die verächtliche Antwort zu geben: »Gar keins hab ich davon gelesen, wozu würde ich sie sonst hierbehalten?« Aber das ist eine gefährliche Antwort, denn sie provoziert die naheliegende Frage: »Und wo tun Sie die hin, die Sie gelesen haben?« Besser ist die Standardantwort von Roberto Leydi: »Nicht bloß die, nicht bloß die!« Sie läßt den Gegner erstarren und stürzt ihn in einen Zustand betäubter Bewunderung. Aber ich finde sie gemein und angsterzeugend. Neuerdings weiche ich auf die Behauptung aus: »Nein, das sind die, die ich bis nächsten Monat lesen muß, die anderen habe ich in der Uni.« Eine Antwort, die einerseits eine sublime ergonomische Strategie suggeriert und andererseits den Besucher veranlaßt, den Moment des Abschieds vorzuverlegen.

(1990)

Wie man das Mobiltelefon
nicht benutzt

Es ist leicht, sich über die Besitzer von Mobiltelefonen lustig zu machen. Man muß nur sehen, zu welcher der folgenden Kategorien sie gehören. Zuerst kommen die Behinderten, auch die mit einem nicht sichtbaren Handicap, die gezwungen sind, ständig in Kontakt mit dem Arzt oder dem Notdienst zu sein. Gelobt sei die Technik, die ihnen ein so nützliches Gerät zur Verfügung gestellt hat. Dann kommen jene, die aus schwerwiegenden beruflichen Gründen gehalten sind, immer erreichbar zu sein (Feuerwehrhauptmänner, Gemeindeärzte, Organverpflanzer, die auf frische Leichen warten, oder auch Präsident Bush, da sonst die Welt in die Hände von Quayle fällt). Für diese ist das Mobiltelefon eine bittere Notwendigkeit, die sie mit wenig Freude ertragen.

Drittens die Ehebrecher. Erst jetzt haben sie, zum erstenmal in der Geschichte, die Möglichkeit zum Empfang von Botschaften ihrer geheimen Partner, ohne daß Familienmitglieder, Sekretärinnen oder boshafte Kollegen den Anruf abfangen können. Es genügt, daß nur sie und er die Nummer kennen (oder er und er, sie und sie – andere mögliche Kombinationen entgehen mir). Alle drei aufgelisteten Kategorien haben ein Recht auf unseren Respekt. Für die ersten beiden sind wir bereit, uns im Restaurant oder während einer Beerdigungsfeier stören zu lassen, und die Ehebrecher sind gewöhnlich sehr diskret.

Zwei weitere Kategorien benutzen das Mobiltelefon jedoch auf eigene Gefahr (und nicht nur auf unsere). Zum einen die Leute, die nirgendwo hingehen können, ohne weiter mit Freunden und Angehörigen, die sie eben verlassen haben, über dies und das zu schwatzen. Es ist schwierig, ihnen zu sagen, warum sie das nicht tun sollten: Wenn sie nicht imstande sind, sich dem Drang zur Interaktion zu entziehen und ihre Momente der Einsamkeit zu genießen, sich für das zu interessieren, was sie gerade tun, das Fernsein auszukosten, nachdem sie die Nähe gekostet haben, wenn sie nicht vermeiden können, ihre Leere zu zeigen, sondern sie sich sogar noch auf ihre Fahnen schreiben, so ist das ein Fall für den Psychologen. Sie sind uns lästig, aber wir müssen Verständnis für ihre schreckliche innere Ödnis haben, müssen dankbar sein, daß wir besser dran sind, und ihnen verzeihen (doch hüten wir uns, der luziferischen Freude anheimzufallen, nicht so zu sein wie jene da, das wäre Hochmut und Mangel an Nächstenliebe). Anerkennen wir sie als unsere leidenden Nächsten und leihen wir ihnen auch noch das andere Ohr.

Die letzte Kategorie (zu der, auf der untersten Stufe der sozialen Leiter, auch die Käufer von falschen Mobiltelefonen gehören) besteht aus Leuten, die öffentlich zeigen wollen, wie begehrt sie sind, besonders für komplexe Beratungen in geschäftlichen Dingen: Die Gespräche, die wir in Flughäfen, Restaurants oder Zügen mit anhören müssen, betreffen stets Geldtransaktionen, nicht eingetroffene Lieferungen von Metallprofilen, Zahlungsmahnungen über eine Partie Krawatten und andere Dinge, die in den Vorstellungen des Sprechers sehr nach Rockefeller klingen.

Nun ist die Trennung der Klassen ein grausamer Mechanismus, der bewirkt, daß der Neureiche, selbst wenn er enorme Summen verdient, einem atavistischen proletarischen Stigma zufolge nicht mit dem Fischbesteck umgehen kann, das Äffchen ins Rückfenster des Ferrari hängt, das

Christophorus-Bildchen ans Armaturenbrett des Privatjets klebt oder »Manádschment« sagt; und so wird er nicht zur Herzogin von Guermantes eingeladen (und fragt sich verzweifelt, warum nicht, wo er doch eine so lange Yacht hat, daß sie praktisch eine Brücke von Küste zu Küste ist).

Diese Leute wissen nicht, daß Rockefeller kein Mobiltelefon braucht, da er ein so großes und effizientes Sekretariat hat, daß äußerstenfalls, wenn wirklich sein Großvater im Sterben liegt, der Chauffeur kommt und ihm etwas ins Ohr flüstert. Der wahrhaft Mächtige ist der, der nicht gezwungen ist, jeden Anruf zu beantworten, im Gegenteil, er läßt sich – wie man so sagt – verleugnen. Auch auf der unteren Ebene des Managements sind die beiden Erfolgssymbole der Schlüssel zur Privattoilette und eine Sekretärin, die sagt: »Der Herr Direktor ist nicht im Hause.«

Wer also das Mobiltelefon als Machtsymbol vorzeigt, erklärt damit in Wirklichkeit allen seine verzweifelte Lage als Subalterner, der gezwungen ist, in Habachtstellung zu gehen, auch wenn er gerade einen Beischlaf vollzieht, wann immer ihn der Geschäftsführer anruft, der Tag und Nacht hinter seinen Schuldnern her sein muß, um überleben zu können, der von der Bank sogar noch während der Erstkommunion seiner Tochter wegen eines ungedeckten Schecks verfolgt wird. Aber die Tatsache, daß er sein Mobiltelefon so prahlerisch benutzt, ist der Beweis dafür, daß er all diese Dinge nicht weiß, und somit die letzte Bestätigung seiner unwiderruflichen sozialen Marginalisierung.

(1991)

Statt eines Nachworts:
Das Wunder von San Baudolino

Barbaren

Dante geht nicht sehr zartfühlend mit Alessandria um: In seiner Abhandlung *De vulgari eloquentia*, in der er die Dialekte der Apenninenhalbinsel behandelt, stellt er fest, daß die rauhen Laute, die von meinen Landsleuten ausgestoßen werden, gewiß kein italienischer Dialekt sind, und gibt zu verstehen, daß es ihm schwerfällt, sie überhaupt als Sprache anzuerkennen. Nun ja, wir sind Barbaren. Aber auch das ist eine Berufung.

Wir sind keine Italiener (Latiner), und wir sind auch keine Kelten. Wir sind Abkömmlinge harter und rauher ligurischer Stämme, und 1856 hat Carlo Avalle in der Einleitung zu seiner *Geschichte Piemonts* daran erinnert, was Vergil im neunten Buch der *Aeneis* über jene präromanischen italischen Völker sagte:

Und wen glaubt ihr
Hier zu finden? Die parfümierten Atriden
Oder den schönrednerischen Ulysses? Auf einen Stamm
Seid ihr gestoßen, der von Grund auf hart ist.
Wir tragen zum Fluß die eben Geborenen und
Härten sie ab im eisigen Bade. Nächte durchwachen
Die Knaben auf Jagd, durchhetzen die Wälder ...

Und so weiter. Und diese Barbaren, schreibt Avalle, »waren von mittelgroßer und schmaler Statur, hatten weiche Haut, kleine Augen, spärlichen Haarwuchs, den Blick vol-

173

ler Stolz, die Stimme rauh und tönend, so daß sie, wenn man ihrer das erste Mal ansichtig wurde, keine richtige Vorstellung von ihrer außergewöhnlichen Kraft vermittelten ...«

Von einer Mutter heißt es: »Von den Geburtswehen ergriffen, während sie bei der Arbeit war, ging sie hin, ohne sich etwas anmerken zu lassen, und versteckte sich hinter einem Dornbusch. Dort gebar sie, deckte das Kind mit Blättern zu und begab sich wieder an die Arbeit, so daß niemand etwas bemerkte. Aber das Kind, das zu wimmern begonnen hatte, verriet die Mutter; die jedoch, taub gegen die Ermahnungen ihrer Freunde und Gefährtinnen, nicht ruhte, bis der Herr sie dazu zwang und ihr den Lohnausfall zahlte. Daher rührt der von den Historikern oft wiederholte Merksatz, bei den Ligurern hätten die Frauen die Kraft von Männern und diese die Kraft von wilden Tieren.« So der antike Historiker Diodor.

Auf den Feldern von Marengo ...

Der Held von Alessandria heißt Gagliaudo. Wir befinden uns im Jahre 1168, Alessandria existiert bereits irgendwie oder auch nicht, zumindest nicht unter diesem Namen. Es ist ein loser Verband von Dörfern, vielleicht mit einem Kern um eine Burg. Bewohnt wird es von Bauern und vielleicht auch von vielen jener »*mercatanti*« (Krämer), die, wie Carducci später sagen wird*, den deutschen Feudalherren als inakzeptable Gegner erschienen, »welche erst gestern ihre fetten Wänste mit dem Stahl der Ritter gürteten«. Die italienischen Städte tun sich gegen Barbarossa zusammen, gründen den Lombardischen Bund und beschließen, eine neue Stadt am Zusammenfluß des Tanaro und der Bormida zu erbauen, um den Vormarsch der Invasoren zu stoppen.

Die Bewohner jenes losen Dorfverbands nehmen den Vorschlag an, vermutlich weil sie darin eine Reihe von Vorteilen für sich sehen. Es scheint, daß sie auf ihren eigenen Nutzen bedacht sind, aber als Barbarossa eintrifft, halten sie tapfer stand und lassen den Kaiser nicht durch. Wir sind inzwischen im Jahre 1174, Barbarossa belagert die Stadt, Alessandria leidet Hunger, und da erscheint – der Legende zufolge – der schlaue Gagliaudo, ein Bauer vom Schlage Bertoldos*, läßt sich von den Stadtoberhäuptern alles Getreide übereignen, das noch zusammenzukratzen ist, mästet damit seine Kuh Rosina und führt sie zum Weiden vor die Mauern der Stadt. Natürlich wird die Kuh von Barbarossas Männern ergriffen und geschlachtet, aber wie staunen sie, als sie das Tier so prall voller Korn finden! Und Gagliaudo, der den Dummen zu spielen versteht, erzählt Barbarossa, in der Stadt gebe es noch so viel Getreide, daß man gezwungen sei, es ans Vieh zu verfüttern. Kommen wir noch einmal zu Carducci zurück, und denken wir an jenes Heer von Romantikern, die nachts weinen, an den Bischof von Speyer, der an die schönen Türme seiner Kathedrale denkt, an den Pfalzgrafen Ditpoldo mit der blonden Mähne, der nicht mehr glaubt, seine Thekla jemals wiederzusehen, alle tief deprimiert und bedrückt von der Vorstellung, »durch die Hand von Krämern« sterben zu müssen ... Das deutsche Heer bricht die Zelte ab und zieht davon.

Dies die Legende. In Wirklichkeit war die Belagerung viel blutiger, anscheinend haben sich die Milizen meiner Heimatstadt gut geschlagen, aber die Stadt zieht es vor, als ihren Helden jenen schlauen, unblutigen Bauern im Gedächtnis zu behalten, der keine großen militärischen

Gaben besaß, aber sich von einer leuchtenden Gewißheit leiten ließ: daß alle anderen noch etwas dümmer seien als er.

Alessandrinische Epiphanien

Ich weiß, daß ich diese Erinnerungen im Geiste großen Alessandrinertums beginne, und ich kann mir auch keine, sagen wir: monumentalere Präsentation vorstellen. Ja, ich glaube, daß zur Beschreibung einer »platten« Stadt wie Alessandria der monumentale Ansatz verfehlt wäre, weshalb ich es vorziehe, mich ihr auf stilleren Wegen zu nähern. Nämlich indem ich von Epiphanien erzähle. Die Epiphanie ist (ich zitiere Joyce) »wie eine plötzliche Manifestation des Geistes, in einem Wort oder einer Geste oder einem Gedankengang, die erinnernswert sind«. Ein Wortwechsel, das Schlagen einer Turmuhr, das durch den Abendnebel dringt, ein Geruch nach faulem Kohl, etwas völlig Unbedeutendes, das auf einmal bedeutsam wird – das waren die Epiphanien, die Joyce in seinem nebligen Dublin registrierte. Und Alessandria ähnelt mehr Dublin als Konstantinopel.

Es war ein Morgen im Frühling 1943. Die Entscheidung war gefallen, wir verließen die Stadt, um uns vor den Bomben in Sicherheit zu bringen. Unter anderem waren wir auf die wunderbare Idee verfallen, in das Städtchen Nizza Monferrato zu gehen, wo wir zwar vor den Bomben sicher sein würden, aber ich, nach wenigen Monaten ins Kreuzfeuer zwischen Faschisten und Partisanen geraten, sehr bald lernen sollte, in Gräben zu springen, um den Garben der Sten-MPs zu entgehen. Es war frühmorgens, und wir fuhren zum Bahnhof, die ganze Familie in einer Mietdroschke. Wo der Corso Cento Cannoni sich zur Kaserne Valfré hin verbreitert, auf jenem weiten Platz, der um diese Zeit verlassen dalag, schien mir, als entdeckte ich in der Ferne meinen Schulfreund Rossini, ich sprang auf, wodurch ich die Kutsche gefährlich ins Schwanken brachte, und rief ihn mit lauter Stimme beim Namen. Er war's nicht. Mein Vater wurde böse und schalt mich, ich sei wie immer gedankenlos, so benehme man sich nicht, man brülle nicht wie ein Verrückter »Verdini« über den Platz. Ich präzisierte, es sei Rossini gewesen, er erwiderte, ob Verdini oder Bianchini, das sei doch dasselbe. Ein paar Monate später, nachdem Alessandria das erste Mal bombardiert worden war, erfuhr ich, daß man Rossini mit seiner Mutter tot unter den Trümmern gefunden hatte.

Epiphanien müssen nicht erklärt werden, aber in dieser Erinnerung sind mindestens drei enthalten. Erstens, ich war gescholten worden, weil ich einer zu großen Begeisterung nachgegeben hatte. Zweitens, ich hatte unbedachterweise einen Namen ausgesprochen. In Alessandria wird jedes Jahr zu Weihnachten ein Krippenspiel namens *Gelindo* aufgeführt. Die Geschichte spielt in Bethlehem, aber die Hirten sprechen und argumentieren im alessandrinischen Dialekt. Nur die römischen Zenturionen, der heilige Joseph und die drei Könige aus dem Morgenland sprechen italienisch (und der Effekt ist sehr komisch). Nun begegnet einer von Gelindos Knechten, Medoro, den drei Königen und sagt ihnen unbedachterweise den Namen seines Herrn. Als Gelindo das erfährt, wird er wütend und weist Medoro zurecht. Man sagt nicht jedem Hergelaufenen seinen Namen, und man nennt nicht unbedachterweise einen anderen beim Namen, im Freien, so daß es alle hören können. Ein Name ist ein intimer Besitz, bei Namen ist Schamhaftigkeit geboten. Wenn ein Amerikaner mit uns spricht, nennt er unseren Namen in jedem Satz und freut sich, wenn wir umgekehrt das gleiche tun. Ein Alessandriner kann den ganzen Tag lang mit dir sprechen, ohne dich ein einziges Mal beim Namen zu nennen, nicht einmal wenn er sich verabschiedet. Man sagt »ciao« oder »arrivederci«, aber nicht »arrivederci, Giuseppe«.

Die dritte Epiphanie ist mehrdeutiger. Im Gedächtnis haftet mir der Anblick jenes weiten städtischen Platzes, zu weit wie eine vom Vater auf den Sohn übergegangene Jacke, mit jener kleinen Gestalt, die sich in zu großer Entfernung von unserer Kutsche abzeichnete, und die Vision einer zweifelhaften Begegnung mit einem Freund, den ich nie wiedersehen sollte. Auf den übertrieben großen, brettebenen Plätzen von Alessandria verliert man sich. Wenn die Stadt wirklich verlassen daliegt, am frühen Morgen, in der Nacht oder an Ferragosto (aber es genügt auch ein Sonntagmittag gegen halb zwei), hat man von einem Punkt zum andern immer zu lange zu gehen (in dieser so kleinen Stadt), und immer im Freien, wo einen jeder sehen könnte, der sich hinter einer Hausecke versteckt oder in einer vorbeifahrenden Kutsche sitzt, jeder könnte dich in deiner Intimität entdecken, deinen Namen rufen und dich für immer verlieren. Alessandria ist weitläufiger als die Sahara, es wird von verblichenen Fata Morganen durchzogen.

Deshalb reden die Leute so wenig, man macht sich knappe Zeichen, man verliert sich (dich). Das hat Einfluß auf die Beziehungen, auf die Feindschaften ebenso wie die Liebschaften. Alessandria hat urbanistisch gesehen keine Zentren, in denen man sich versammelt (vielleicht einen einzigen: die Piazzetta della Lega), es hat fast nur Zentren, in denen man sich *zerstreut*. Deshalb weiß man nie, wer gerade da ist und wer nicht.

Mir kommt eine Geschichte in den Sinn, die nicht alessandrinisch ist, aber es sein könnte. Salvatore verläßt im Alter von zwanzig Jahren den Heimatort, um nach Australien auszuwandern, wo er vierzig Jahre lang in der Fremde lebt. Dann, mit sechzig, nimmt er seine Ersparnisse und kehrt heim. Und während der Zug sich dem Bahnhof nähert, phantasiert Salvatore: Wird er die Kameraden wiederfinden, die Freunde von damals, in der Bar seiner Jugend? Werden sie ihn wiedererkennen? Werden sie ihn freudig begrüßen, ihn auffordern, seine Abenteuer unter Känguruhs und Aborigenes zu erzählen, ihm begierig an den Lippen hängen? Und jenes Mädchen, das ...? Und der Drogist an der Ecke? Und so weiter ...

Der Zug fährt in den leeren Bahnhof ein, Salvatore tritt auf den Bahnsteig, der unter der sengenden Mittagssonne daliegt. In der Ferne ist ein gebeugtes Männchen zu sehen, ein Eisenbahner. Salvatore sieht genauer hin, erkennt die Gestalt trotz des buckligen Rückens, das Gesicht trotz der Runzeln: aber ja, das ist Giovanni, der alte Schulkamerad! Er winkt ihm zu, nähert sich bang, deutet mit zitternder Hand auf sein eigenes Gesicht, wie um zu sagen: »Ich bin es.« Giovanni sieht ihn an, scheint ihn nicht zu erkennen, dann aber hebt er grüßend die Hand und sagt: »He, Salvatore! Was machst du hier, fährst du weg?«

In der großen alessandrinischen Wüste verbringt man fiebernde Pubertäten. 1942, ich bin mit dem Fahrrad unterwegs, zwischen zwei und fünf Uhr an einem Julinachmittag. Ich suche etwas, von der Zitadelle bis zur Rennbahn, dann von der Rennbahn bis zum Stadtpark und vom Stadtpark bis zum Bahnhof, dann fahre ich quer über die Piazza Garibaldi, umfahre das Zuchthaus, strebe erneut in Richtung Tanaro, aber jetzt mitten durchs Zentrum. Nirgendwo ist jemand zu sehen. Ich habe ein festes Ziel, den Kiosk am Bahnhof, wo ich ein Sonzogno-Heft

179

gesehen habe, vielleicht schon Jahre alt, mit einer aus dem Französischen übersetzten Geschichte, die mir faszinierend erscheint. Kostet eine Lira, und ich habe genau eine Lira in der Tasche. Kaufe ich's, kaufe ich's nicht? Die anderen Läden sind zu oder sehen so aus. Die Freunde sind in den Ferien. Alessandria ist nichts als leerer Raum, Sonne, Rennpiste für mein Fahrrad mit den pockennarbigen Reifen, das Heftchen am Bahnhof ist das einzige Versprechen von Erzählwelt, also von Wirklichkeit. Viele Jahre später war mir einmal, als setzte plötzlich mein Herzschlag aus, in einer Art Kurzschluß zwischen Erinnerung und gegenwärtigem Bild, als ich in einem schwankenden Flugzeug saß, das im brasilianischen Urwald landen sollte, in einem Ort, den ich als São Jesus da Lapa in Erinnerung habe. Das Flugzeug konnte nicht landen, weil zwei schläfrige Hunde mitten auf der Betonpiste lagen und sich nicht von der Stelle rührten. Wo der Zusammenhang ist? Es gibt keinen, so funktionieren Epiphanien.

Jener Tag aber, jener Julinachmittag einer langen Verführung, zwischen mir und dem Sonzogno-Buch, dem Buch und mir, zwischen meinem Verlangen und dem schwülen Widerstand der weiten alessandrinischen Räume – und wer weiß, ob das Buch nicht nur der Projektionsschirm war, die Maske anderer Verlangen, die bereits meinem Körper und meiner Phantasie zusetzten, als diese noch weder Fisch noch Fleisch waren –, jene lange begehrliche Radfahrt im leeren Sommer, jene konzentrische Flucht, all das bleibt mir in seinem Schrecken eine herzzerreißende Erinnerung, herzzerreißend vor Süße und – so würde ich sagen – vor Stammesstolz. So sind wir eben, genau wie die Stadt.

Um die Geschichte zu Ende zu bringen: ich entschied mich schließlich und kaufte das Heftchen. Wenn ich mich recht erinnere, war es eine Imitation des Atlantis-Romans von Pierre Benoît, aber mit einem Schuß Jules Verne. Als die Sonne unterging, war ich – in meinem Zimmer eingeschlossen – bereits aus Alessandria entschwunden, ich fuhr über schweigende Meeresgründe, sah andere Sonnenuntergänge und andere Horizonte. Mein Vater meinte, als er nach Hause kam, ich läse zuviel, und sagte zu meiner Mutter, ich sollte öfter mal an die frische Luft. Dabei war ich gerade dabei, mich von zuviel Raum zu entwöhnen.

Nie übertreiben

Ich erlitt einen Schock, als ich, älter geworden, in Turin auf die Universität kam. Die Turiner sind Franzosen, jedenfalls Kelten, nicht ligurische Barbaren wie wir. Meine neuen Kameraden erschienen morgens in den Fluren der Uni mit einem schönen Hemd und einer schönen Krawatte, lächelten mich an und kamen mir mit ausgestreckter Hand entgegen: »Ciao, wie geht's?« So etwas war mir noch nie passiert. In Alessandria begegnete ich Kameraden, die eine Mauer zu stützen schienen, sie sahen mich unter halbgeschlossenen Lidern an und sagten mit verhaltener Herzlichkeit: »*Ehi, stüpid!*« (He, Blödmann!) Neunzig Kilometer entfernt davon, und schon eine andere Kultur! Ich bin noch so tief von ihr durchdrungen, daß ich darauf bestehe, sie für überlegen zu halten. Bei uns lügt man nicht.

Als auf Togliatti geschossen wurde, gab es einen Volksauflauf. Ab und zu kommt es vor, daß die Alessandriner sich erregen. Sie strömten auf der Piazza della Libertà zusammen, die damals noch Piazza Ratazzi hieß. Dann griff das Radio ein und meldete, daß Bartali die Tour de France gewonnen hatte. Ein brillanter Schachzug der Massenmedien, der, wie es heißt, in ganz Italien funktionierte. In

Alessandria funktionierte er nicht so gut, wir sind gewiefte Leute, uns bringt man nicht mit einer Radrennfahrergeschichte dazu, Togliatti zu vergessen. Aber auf einmal erschien ein Flugzeug über dem Rathaus. Es war vielleicht das erste Mal, daß ein Flugzeug mit Reklamestreifen über Alessandria flog, und ich weiß nicht mehr, wofür es Reklame machte. Es war kein teuflischer Plan, es war ein Zufall. Die Alessandriner sind mißtrauisch gegenüber teuflischen Plänen, aber sehr nachsichtig gegenüber dem Zufall. Die Menge beobachtete das Flugzeug, kommentierte die neue Idee (eine schöne Idee, mal was anderes als sonst, was denen nicht alles einfällt, wart' nur, was die noch erfinden werden ...). Jeder äußerte ganz entspannt seine Meinung sowie seine tiefverwurzelte Überzeugung, daß die Sache jedenfalls nichts an der allgemeinen Kurve der Entropie und dem Wärmetod des Universums ändern werde – sie nannten es nicht so, aber das war's, was mit jedem Halbsatz auf alessandrinisch gemeint war. Danach gingen alle nach Hause, denn der Tag hatte keine Überraschungen mehr in petto. Togliatti sollte alleine sehen, wie er zurechtkam.

Ich kann mir denken, daß solche Geschichten, wenn man sie anderen Leuten erzählt (ich meine Nicht-Alessandrinern), Abscheu erregen. Ich finde sie herrlich. Ich finde, sie passen zu anderen herrlichen Epiphanien, die uns von der Geschichte einer Stadt geboten werden, der es gelungen ist, sich mit Hilfe des Papstes und des Lombardischen Bundes erbauen zu lassen, die sich Barbarossa hartnäckig widersetzt, aber dann nicht an der Schlacht von Legnano teilnimmt. Einer Stadt, von der die Legende geht, die Königin Pedoca sei aus Deutschland gekommen, um sie zu belagern, und als sie ankam, habe sie Weinstöcke angepflanzt und geschworen, nicht fortzugehen, ehe sie nicht Wein aus den Trauben dieser Reben getrunken habe. Die Belagerung dauerte sieben Jahre, aber eine Fortsetzung der Legende besagt, daß Pedoca, als sie von den Alessandrinern besiegt worden war, sich in ein wüstes Ritual der Wut und Zerstörung stürzte, indem sie den Wein aus ihren Fässern auf die trockene Erde goß, als ob sie mystisch ein großes barbarisches Blutopfer andeuten wollte. Pedoca, die phantastische und poetische Königin, die sich selber bestraft, indem sie auf ihr Vergnügen verzichtet, um sich an einem Blutbad zu berauschen, sei's auch nur einem symbolischen ... Die Alessandriner sehen zu, nehmen die Sache zur Kenntnis und ziehen als einzigen Schluß daraus die Lehre, daß sie, um jemandes Dummheit zu bezeichnen, in Zukunft sagen müssen, er sei »*fürb c'me Pedoca*« (schlau wie Pedoca).

Alessandria ist es auch, wo der heilige Franz von Assisi auf der Durchreise einen Wolf bekehrt, genau wie in Gubbio, nur daß Gubbio daraus eine endlos lange Geschichte macht, während Alessandria die Sache vergißt, was hat ein Heiliger anderes zu tun, als Wölfe zu bekehren? Und außerdem, wie sollten die Alessandriner ihn auch verstehen, diesen leicht theatralischen und leicht hysterischen Umbrier, der zu den Vögeln spricht, anstatt zur Arbeit zu gehen?

An ihren Geschäften interessiert, führen die Alessandriner Kriege und zetteln Händel an, aber als sie im Jahre 1282 die Ketten von der Zugbrücke in Pavia abnehmen und sie in ihrem Dom als Trophäe ausstellen, nimmt der Sakristan sie nach einer Weile weg, um damit den Kamin in seiner Küche auszurüsten, und niemand merkt es. Sie plündern Casale und rauben den Engel, der auf dem Turm der Kathedrale steht, aber wie's eben so geht, am Ende verlieren sie ihn.

Wer den bei Sugar in Mailand erschienenen »Führer durch das sagenhafte, mysteriöse, ungewöhnliche und phantastische Italien« (*Guida all'Italia leggendaria misteriosa insolita fantastica*) im Einleitungsteil durchblättert, wo eine Reihe von Karten die Verteilung phantastischer Wesen in den Provinzen Norditaliens zeigt, wird sehen, daß die Provinz Alessandria durch Jungfräulichkeit glänzt: Sie hat weder Hexen, Teufel, Feen, Irrlichter, Zauberer, Monster oder Gespenster noch Höhlen, Labyrinthe oder Schätze zu bieten; sie rettet sich mit einem »bizarren Gebäude«, aber man wird zugeben, das ist dürftig.

Skepsis gegenüber dem Mysterium. Mißtrauen gegenüber dem Noumenon. Eine Stadt ohne Ideale und Leidenschaften. Zu der Zeit, als Nepotismus eine Tugend war, verjagte Pius V., ein Papst aus Alessandria, seine Verwandten aus Rom und sagte ihnen, sie sollten sehen, wo sie blieben; jahrhundertelang von einer reichen jüdischen Gemeinde bewohnt, fand Alessandria auch nicht die moralische Kraft, antisemitisch zu werden, und vergaß den Befehlen der Inquisition zu gehorchen. Die Alessandriner haben sich niemals für irgendeine Heroische Tugend begeistert, auch nicht, als eine von ihnen dazu aufrief, die Andersartigen auszurotten. Alessandria hat nie das Bedürfnis verspürt, eine Heilslehre mit Gewalt durchzusetzen; es hat uns keine sprachlichen Modelle gegeben, die wir den Rundfunksprechern vorhalten können, es hat keine Wunder der Kunst geschaffen, für die wir Subventionen aufbringen müssen, es hat den Leuten nie etwas beizubringen gehabt, es hat nichts, worauf seine Kinder stolz sein können, auf die es nie einen besonderen Stolz entwickelt hat.

Wenn ihr wüßtet, wie stolz man sich als Kind einer Stadt fühlen kann, die keine Rhetorik und keine Mythen hat, keine Missionen und keine Wahrheiten zu verkünden.

Den Nebel verstehen

Alessandria besteht aus großen leeren und verschlafenen Räumen. Aber plötzlich, an manchen Herbst- oder Winterabenden, wenn die Stadt in Nebel getaucht ist, verschwinden die Leerräume, und aus dem milchigen Grau, im Licht der Laternen, tauchen Ecken, Kanten, jähe Fassaden und dunkle Torbögen auf, in einem neuen Spiel kaum angedeuteter Formen, und Alessandria wird »schön«. Eine Stadt, dazu geschaffen, im Dämmerlicht gesehen zu werden, wenn man an den Häuserwänden entlangstreicht. Sie darf ihre Identität nur im Nebeldunst suchen, nicht im Sonnenglanz. Im Nebel geht man langsam voran, man muß die Wege kennen, um sich nicht zu verirren, aber man kommt trotzdem immer irgendwo an.

Der Nebel ist gut und belohnt diejenigen, die ihn kennen und lieben. Im Nebel zu gehen ist schöner, als durch den Schnee zu stapfen und ihn mit den Schuhen niederzutreten, denn der Nebel bestärkt dich nicht nur von unten, sondern auch von oben, du besudelst ihn nicht, du zerstörst ihn nicht, er umstreicht dich liebevoll und fügt sich wieder zusammen, wenn du weitergegangen bist, er füllt dir die Lungen wie guter Tabak, er hat einen starken und gesunden Geruch, er streicht dir über die Wangen und schiebt sich zwischen Kragen und Kinn, um dich am Hals zu kratzen, er läßt dich von weitem Gespenster sehen, die sich auflösen, wenn du näher kommst, oder er konfrontiert dich plötzlich mit vielleicht realen Gestalten, die dir jedoch ausweichen und im Nichts verschwinden. Leider müßte immerzu Krieg und Verdunkelung sein, denn nur in jenen Zeiten gab der Nebel sein Bestes, aber man kann nicht immer alles haben. Im Nebel bist du in Sicherheit vor der äußeren Welt, auf du und du mit deinem Innenleben. *Nebulat, ergo cogito.*

Zum Glück kommt es häufig vor, wenn kein Nebel über der alessandrinischen Ebene liegt, besonders am frühen Morgen, daß es »dunstet«. Eine Art von nebligem Tau, der sonst die Wiesen überglänzt, steigt auf, um Himmel und Erde ineinanderfließen zu lassen und dir leicht das Gesicht zu befeuchten. Anders als bei Nebel ist die Sicht überscharf, aber die Landschaft bleibt hinreichend monochrom, alles verteilt sich auf zarte Nuancen von Grau und tut dem Auge nicht weh. Man muß aus der Stadt hinaus und über Landstraßen fahren, besser noch über schmale Wege an schnurgeraden Kanälen entlang, auf dem Fahrrad, ohne Halstuch, mit einer Zeitung unter der Jacke, um die Brust zu schützen. Auf den Feldern von Marengo, wo das Mondlicht glänzt und dunkel ein Wald sich regt und rauscht zwischen Bormida und Tanaro, sind schon zwei Schlachten gewonnen worden (1174 und 1800). Das Klima ist anregend.

San Baudolino

Der Schutzpatron von Alessandria ist San Baudolino (»O San Baudolino / schütze vom Himmel herab / unsere Diözese / und das getreue Volk«). Folgendes erzählt von ihm Paulus Diaconus in seiner *Historia Langobardorum*:

> *Zur Zeit König Liutprands, an einem Ort namens Foro, nahe am Tanaro, glänzte ein Mann von wunderbarer Heiligkeit, der mit Hilfe der Gnade Christi viele Wunder vollbrachte, dergestalt, daß er oftmals die Zukunft voraussagte und die fernen Dinge ankündigte, als wären sie gegenwärtig. Einmal geschah es, als der König zur Jagd in den Wald von Orba gekommen war, daß einer*

*der Seinen beim Versuch, einen Hirsch zu erlegen, mit
einem Pfeil den Neffen des Königs verletzte, einen Sohn
seiner Schwester mit Namen Anfuso. Als Liutprand, der
den Knaben sehr liebte, das sah, begann er über sein Un-
glück zu klagen und sandte sogleich einen seiner Ritter
zu dem Gottesmanne Baudolino, ihn zu bitten, er möge
zu Christo beten für das Leben des unglücklichen Kin-
des.*

Ich unterbreche das Zitat für einen Augenblick, um dem
Leser Gelegenheit zur Formulierung seiner Prognosen zu
geben. Was hätte ein normaler, also nicht aus Alessandria
stammender Heiliger hier getan? Fahren wir nun fort und
erteilen dem Paulus Diaconus wieder das Wort:

*Während der Ritter sich auf den Weg machte, starb der
Knabe. Woraufhin der Prophet, als er den Ritter ankommen sah, folgendermaßen zu ihm sprach: »Ich kenne den
Grund deines Kommens, aber was du verlangst, ist unmöglich, denn der Knabe ist bereits tot.« Der König, als
er diese Worte vernommen, erkannte in aller Klarheit, sosehr ihn die Nichterhörung seines Gebetes auch schmerz-
te, daß der Gottesmann Baudolino mit prophetischem
Geiste begabt war.*

Ich würde sagen, Liutprand hat sich gut verhalten und die
Lehre des großen Heiligen verstanden. Welche besagt, daß
Wunder im wirklichen Leben nicht zu oft vollbracht werden können. Und ein Weiser ist, wer sich nach ihrer Notwendigkeit fragt. Baudolino hat das Wunder vollbracht,
einen leichtgläubigen Langobarden davon zu überzeugen,
daß Wunder eine sehr seltene Ware sind.

Anmerkungen der Übersetzer

S. 38: Quasimodo: Dieses berühmteste Gedicht des Nobelpreisträgers, ein Dreizeiler, endet: »Und plötzlich ist Abend.«
Ariost: Der Beginn seines *Orlando furioso* lautet: »Die edlen Damen ... besinge ich ...«

S. 39: Manzoni: Sein Roman *Die Verlobten* beginnt am Comer See.
Bazzoni: italienischer Nachahmer von Walter Scott (1803–1850).

S. 44: Informationsdienst Gladio: Unter dem Namen »Gladio« wurde in Italien seit den 50er Jahren, wie erst nach dem Ende der UdSSR bekannt geworden ist, eine geheime anitkommunistische Sondereinheit geführt, die im Falle einer sowjetischen Okkupation Italiens den inneren Widerstand organisieren sollte.
Paolo Portoghesi und Vittorio Gregotti sind zwei berühmte italienische Architekten.
»*ent'el cü*«: ungefähr: »Leck mich am Arsch.« So ausgesprochen in norditalienischen Dialekten, »chiù« ist süditalienisch.

S. 45: Nino Bixio: Waffengefährte Garibaldis, der in dem sizilianischen Ort Bronte einen Bauernaufstand blutig unterdrückte.

S. 46: Woll-du-kauf: Analogiebildung zu »Vu' cumprà« (auf Hochitalienisch »Vuoi comprare« – »Willst du kaufen«), wie die ambulanten afrikanischen Händler häufig genannt werden.
Umberto Bossi: Generalsekretär und Begründer der Lega Lombarda, einer umstrittenen norditalienischen Partei mit rassistischen Tendenzen, die u. a. gegen den römischen Zentralismus kämpft.

S. 56: Brachamutanda: »Le brache« – die Hose; »le mutande« – die Unterhose.

S. 76: Don Ferrante ist eine Figur in Manzonis Roman *Die Verlobten.*

S. 78: Bankier Calvi: Anspielung auf einen berühmten Fall von Devisenschmuggel in Millionenhöhe.

S. 88: Jahresmarke: In Italien entrichtet man eine besondere Führerscheinsteuer durch den Kauf einer (relativ teuren) Wertmarke, die man in Tabakläden erhält und beim Einkleben in den Führerschein entwertet.

Licio Gelli ist der Gründer der berüchtigten Freimaurerloge P2.

S. 93: Giftsalbenschmierer: Anspielung auf das 31. Kapitel von Manzonis Roman *Die Verlobten*, wo geschildert wird, wie angesichts der großen Pestepidemie in Mailand ein Massenwahn um sich greift, der die Seuche auf obskure »Giftsalbenschmierer« zurückführt (vgl. U. Eco, »Worte und Taten«, Nachwort zu Manzonis Roman in der Neuausgabe bei Winkler, München 1988).

S. 142: »Die paar hunderttausend französische Francs, die ich bei mir trug«: In Italien ist Devisenausfuhr verboten.

S. 166: »meines Nachnamens wegen«: Der Name Eco bedeutet »Echo«.

S. 174: Gemeint ist der romantische Odendichter Giosuè Carducci (1835–1907) mit seiner Ode »Sui campi di Marengo«.

S. 175: Der Bauer Bertoldo ist ein populärer Schlaumeier, Held eines Stücks von Giulio Cesare Croce (1606), das zu den wenigen wirklich volkstümlichen Texten der italienischen Literatur gehört.

Inhalt

I. WAHRE GESCHICHTEN

Sterne und Sternchen 7
Verlagskorrekturen 38
Gespräch in Babylon 41
Italien 2000 44
Über das Preisgeben der Gedanken 47
The Wom 50
Das Denken des Brachamutanda 56

II. GEBRAUCHSANWEISUNGEN

Wie man Indianer spielt 61
Wie man einen Ausstellungskatalog bevorwortet 65
Wie man eine öffentliche Bibliothek organisiert 75
Wie man intelligente Ferien macht 78
Wie man einen verlorenen Führerschein ersetzt 81
Wie man Gebrauchsanweisungen befolgt 90
Wie man ansteckende Krankheiten vermeidet 93
Wie man mit einem Lachs verreist 97
Wie man ein Inventar erstellt 100
Wie man sich das Leben durch Maschinchen erleichtert 103
Wie man Malteserritter wird 112
Wie man im Flugzeug speist 115
Wie man über die Tiere spricht 118
Wie man ein Vorwort schreibt 121

Wie man im Fernsehen moderiert *124*

Wie man die vermaledeite Kaffeekanne benutzt *129*

Wie man seine Zeit nutzt *132*

Wie man mit Taxifahrern umgeht *135*

Wie man die Uhrzeit nicht weiß *139*

Wie man den Zoll passiert *142*

Wie man ein Faxgerät nicht benutzt *145*

Wie man auf bekannte Gesichter reagiert *148*

Wie man einen Pornofilm erkennt *151*

Wie man Eis ißt *154*

Wie man vermeidet, »genau« zu sagen *157*

Wie man sich vor Witwen hütet *159*

Wie man nicht von Fußball spricht *163*

Wie man eine Privatbibliothek rechtfertigt *166*

Wie man das Mobiltelefon nicht benutzt *169*

Statt eines Nachworts:
Das Wunder von San Baudolino *173*

Anmerkungen der Übersetzer *189*